Ian Banks

Alles, was Männer über ihre Gesundheit wissen sollten

Ian Banks

Alles, was Männer über ihre Gesundheit wissen sollten

Aus dem Englischen von Thomas Gotterbarm

Oesch Verlag

Die englische Originalausgabe erschien 1997
unter dem Titel *Ask Dr Ian about Men's Health*
by Blackstaff Press Limited, Belfast

Die Deutsche Bibliothek – CIP-Einheitsaufnahme

Banks, Ian:
Alles, was Männer über ihre Gesundheit wissen sollten /
Ian Banks. [Aus dem Engl. von Thomas Gotterbarm]. –
3. Aufl. –Zürich – Oesch, 2000
Einheitssacht.: Ask Dr. Ian about men's health <dt.>
ISBN 3-85833-538-X

3. Auflage 2000

Satz: Oesch Verlag
Druck und Bindung: Wiener Verlag, Himberg

ISBN 3-85833-538-X

Gern senden wir Ihnen unser Verlagsverzeichnis:
Oesch Verlag, Jungholzstraße 28, 8050 Zürich
E-Mail: info@oeschverlag.ch
Telefax 0041/1 305 70 66 (CH: 01/305 70 66)

Unser Programm finden Sie im Internet unter:
www.oeschverlag.ch

Für Hilary,
die lange an der Gesundheit des Mannes
gelitten hat

Inhalt

Wichtiger Hinweis

Die Ratschläge in diesem Buch sind von Autor und Verlag sorgfältig erwogen und geprüft worden; dennoch kann eine Garantie nicht übernommen werden. Eine Haftung des Autors bzw. des Verlags und seiner Beauftragten für Personen-, Sach- und Vermögensschäden ist ausgeschlossen.

Selbstdiagnose und Selbstmedikation von Laien können gefährliche Folgen zeitigen. Wenden Sie sich immer an eine medizinische Fachperson, an Ihren Arzt oder Ihren Apotheker.

Vorwort

Immer mehr Männern wird heute bewußt, daß viele Dinge besser sein könnten, als sie sind, viel besser. Seien wir ehrlich: Wenn es um die Gesundheit des Mannes geht, könnte die Lage, verglichen mit der der Frau, kaum schlimmer sein. Männer sterben im Durchschnitt einige Jahre früher als Frauen, und bei fast jeder Krankheit, die beide Geschlechter betrifft, leiden Männer mehr als Frauen. Erst seit kurzem jedoch fragen Männer und Frauen, warum das so ist. Überall beschäftigen sich auf einmal Zeitschriften, Konferenzen und Fernsehsendungen mit der Gesundheit des Mannes. Leider jedoch werden die Informationen darüber meist in trockener, belehrender Form dargeboten, ohne jeden Humor. Dr. Ian Banks jedoch informiert, ohne zu predigen. Er benennt nicht nur die Fakten, sondern zeigt vor allem auch Wege zur Verbesserung der Lage. Er erteilt keine Anweisungen, was wie zu tun sei, sondern gibt wie beim Pferderennen einfach Tips, wie das Spiel zu gewinnen ist. Niemand will hier behaupten, man könne ewig leben. Es geht vielmehr darum, länger zu leben und sein Leben dabei zu genießen. Wie Sie das erreichen, will dieses Buch Ihnen zeigen. Haben Sie Spaß an diesem Buch – und lernen Sie dabei, wie Sie noch lange Spaß an Ihrem Leben haben können.

Danksagung

Bedanken möchte ich mich bei den Mitarbeitern der Notfallstation des City Hospitals in Belfast (Maureen Turtle hätte bestimmt immer an der richtigen Stelle gelacht), bei den Kollegen vom *Belfast Telegraph,* vor allem Phil Hilton und Stuart Watt, und der Zeitschrift *Men's Health,* den Mitarbeitern des *Blackstaff Press*-Verlages, die meinen Glauben an das Verlagswesen wiederhergestellt haben, und bei meinen Eltern, die mich immer unterstützt haben.

Mannsein ist eine gefährliche Sache

Männer sind ein riskantes Unternehmen. Viele von ihnen landen in den Notfallstationen der Krankenhäuser, aus den verschiedensten Gründen und in den verschiedensten Stadien der Reparaturbedürftigkeit, und einige verlassen den Ort leider nur durch die Hintertür.

Eine 1994 in Großbritannien durchgeführte Meinungsumfrage ergab, daß Männer sich in der Anatomie und Funktion ihres Körpers schlechter auskannten als Frauen. Noch schlimmer war, daß die Frauen mehr über den männlichen Körper wußten als die Männer selbst. Männer haben sich schon immer darauf verlassen, daß die Frauen sich um ihre Gesundheit kümmern. Die Meinungsumfrage zeigte auch, daß mehr als 40 Prozent der Männer erst dann ihren Hausarzt aufsuchen, wenn sie von der Ehefrau geschickt werden. 8 von 10 Männern gaben zu, daß sie meist zu lange warten, bis sie ihren Arzt konsultieren. So etwas kann wirklich gefährlich werden. Die Frauen hingegen geben ein besseres Bild ab. Nicht nur kümmern sie sich um ihre Männer, sie kümmern sich auch besser um sich selbst. Fast alle Krankheiten, die bei beiden Geschlechtern auftreten, verlaufen bei Männern schwerer als bei Frauen. Männer sterben zudem im Durchschnitt fünf bis sieben Jahre früher als Frauen. (In der Schweiz betrug im Zeitraum 1996–97 die mittlere Lebenserwartung von Frauen 82,2, von Männern hingegen bloß 76,1 Jahre; mittlere Lebenserwartung 1998 in

Deutschland: Frauen 80,46, Männer 74,42 Jahre.) Wo liegen die Gründe für diesen Unterschied?

»Gefährlich leben«

In Deutschland starben 1998 mehr als zweieinhalbmal soviel Männer wie Frauen bei Verkehrsunfällen (5668 Männer und 2122 Frauen). Von den Männern wiederum fällt knapp die Hälfte (3621) in die Alterskategorie 15–44 Jahre (Frauen 1004). An »Unfällen und Gewalteinwirkungen« starben 1996 in der Schweiz 2280 Männer gegenüber 1388 Frauen (1995: 2454 Männer, 1353 Frauen).

Die Haltung der Gesellschaft gegenüber wagemutigen Männern ist ambivalent. Harte Macho-Kerle spielen in vielen Kinofilmen die Hauptrolle, und was wäre der Sport ohne zwei Männer, die darum kämpfen, einander den Kopf abzuschlagen, angefeuert von einer Menge johlender Zuschauer, die am liebsten selbst in den Ring steigen würden? Ein Boxkampf ist vielleicht ein extremes Beispiel, doch sind Sportunfälle häufig, vor allem bei Disziplinen, in denen zwei Gegner aufeinandertreffen. Bei einem als ›Oregon-Experiment‹ bekannt gewordenen Versuch wurden die Bürger des gleichnamigen amerikanischen Bundesstaates befragt, welche Verletzungen und Krankheiten ihrer Meinung am ehesten eine Behandlung verdienten. ›Selbstverschulde-

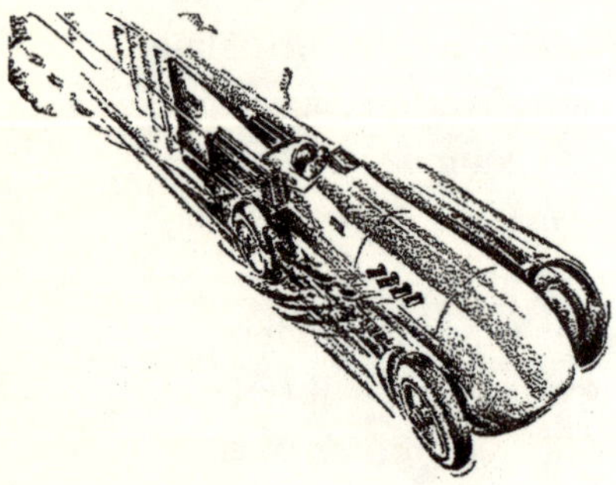

te‹ Verletzungen (dazu zählte auch die HIV-Infektion) standen am unteren Ende der Skala, während ›Unfälle‹ wie etwa Sportverletzungen wesentlich besser angesehen waren. Offenbar ist der Unfall des einen die selbstverschuldete Wunde des anderen. Die Bereitschaft zum Risiko wird von der Gesellschaft auch ausgenutzt. Im Zweiten Weltkrieg wurden die relativ billigen Jagdflieger von ledigen jungen Männern gesteuert, während im Cockpit der teuren Bomber ausnahmslos ältere, häufig verheiratete Männer saßen.

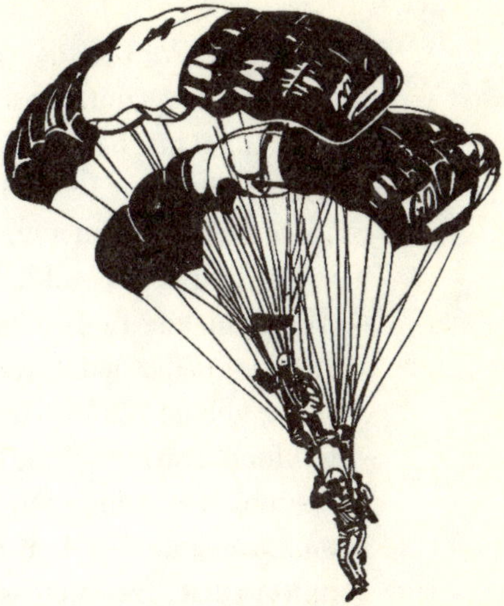

Der letzte Ausweg

In Deutschland nahmen sich 1998 8575 Männer und 3069 Frauen das Leben. In der Schweiz waren es 1996 1010 Männer und 421 Frauen. Während die Experten noch darüber streiten, ob die Arbeitslosigkeit dabei eine Rolle spielt oder nicht, ist man sich darin einig, daß die geringere Selbstmordrate der Frauen durch die weibliche Sozialisation bedingt ist – Frauen verfügen meist über ein soziales Umfeld, in dem sie ihre Sorgen und Nöte mitteilen können, während es Männern schwerfällt, ihre Schwächen und Ängste einzugestehen. Sie sind vom Verlust des Arbeitsplatzes bedroht und müssen gleichzeitig mit ansehen, wie Frauen in der Arbeitswelt zunehmend die Stellen besetzen, die einst den Männern vorbehalten waren. Oft genug ist ihre Reaktion darauf so endgültig wie möglich. Nicht nur versuchen Männer häufiger als Frauen, sich das Leben zu nehmen, es gelingt ihnen auch besser. Wer den Strick wählt, um seinem Leben ein Ende zu setzen, oder die Abgase seines Autos, dessen Vorhaben wird kaum scheitern. Frauen ziehen Tabletten als letzten Ausweg vor und haben damit wesentlich größere Chancen, einen Suizidversuch zu überleben. Ein männlicher Selbstmordkandidat, der Zugang zu Feuerwaffen hat, etwa ein Soldat oder Polizist, wird sie meist auch benutzen. Bei soviel Entschlossenheit sind die Aussichten natürlich gering, daß die Tat als bloßer ›Hilferuf‹ endet.

Voll bis oben hin

Zum Thema Alkoholismus schreibt das Statistische Jahrbuch der Schweiz 1999: »Übermäßiger Alkohol- und Tabakkonsum ist in unserem Land für zahlreiche chronische Krankheiten und frühzeitige Todesfälle verantwortlich. ... Aus volksgesundheitlicher Sicht ist der Konsum von Alkohol und Tabak sowie von Medikamenten ein Problem von größerer sozialmedizinischer Bedeutung als der Konsum illegaler Drogen.« Auch hier fällt die »Vorherrschaft« des Mannes auf: 1996 starben 417 Männer und 167 Frauen an alkoholischer Leberzirrhose (1995: 418 Männer und 151 Frauen). In Deutschland starben 1998 7304 Männer und 2909 Frauen an alkoholbedingter Leberzirrhose.

Der Macho-Mann

Was ist mit uns Männern geschehen? Wir müssen uns von dem Bild des Machos lösen, denn es hat uns nicht viel Gutes gebracht. Noch wichtiger ist, daß wir ein neues Rollenverständnis finden als gleichberechtigte Mitglieder der Gesellschaft, und daß wir darauf achten, daß die nächste Generation nicht die gleichen Fehler macht wie wir. Als

Eltern sind wir Männer genauso gut wie die Frauen. Statt einfach den Geldautomaten zu spielen, sollten wir uns darum bemühen, wirklich *dabeizusein,* wenn unsere Kinder heranwachsen.

Der Kern des Problems ist nicht das Y-Chromosom, es ist das männliche Gehirn. »Ich sterbe lieber jung, statt ein 79jähriger Krüppel zu werden«, spricht das Gehirn des Mannes. Mit Intelligenz hat das nichts zu tun, dafür aber sehr viel mit dem Rollenbild des Machos. Auf der Leinwand mag James Dean unsterblich geworden sein, doch er ist trotzdem tot. Da hält man es doch besser mit Woody Allen. Auf die Frage, in welcher Form er gerne unsterblich bliebe, antwortete er: »Durch ewiges Leben.« Es ist die gleiche Macho-Einstellung, die zum Tod durch Darmtumor, Hodenkarzinom und Hautkrebs führt, von Herzkrankheiten und Lungenkrebs ganz zu schweigen. Es liegt gewiß nicht an den Genen, wenn Männer sich eine scheußliche Krankheit holen oder nicht in der Lage sind, mit ihr fertig zu werden. Entwickelt ein Mann durch seinen Lebensstil Lungenkrebs oder Herzbeschwerden, dann ist die Wahrscheinlichkeit, daß er den Hausarzt aufsucht, geringer als bei einer Frau, und wenn er es tut, tut er es später.

Zum Glück ändern sich die Zeiten. Das Gesundheitsbewußtsein der Männer ist dramatisch gewachsen, und im Jahre 1995 widmeten sich mehrere große Konferenzen und eine ganze Reihe neuer Zeitschriften der Gesundheit des Mannes. Das Thema fand in den Medien weithin Beachtung, nicht zuletzt in einer Sendereihe der BBC.

Das Herz der Dinge

Einer meiner Patienten klagte, seine Beine würden sein Sexualleben verderben. Die Beine des Herrn waren wirklich etwas kurz geraten, und ich wollte ihm gerade eine Trittleiter verschreiben, als er mir erklärte, daß er bei jeder Art von körperlicher Betätigung Krämpfe bekomme. Ich kannte das Gefühl. So manche Liebesnacht war durch diesen Schmerz zunichte gemacht worden. Wenn der Krampf kam, wußte ich, daß schon ein leichtes Drehen des kleinen Zehs genügte, um den Schmerz so qualvoll werden zu lassen, daß ich wie übergeschnappt durchs Schlafzimmer hüpfte. Dieser Mann hatte meine Sympathie und meine ungeteilte Aufmerksamkeit.

Zu Krämpfen kommt es, wenn sich in den Muskeln Milchsäure bildet. Diese besonders gemeine Säure entsteht, wenn unzureichende Durchblutung zu Sauerstoffmangel führt. Ohne Sauerstoff können die Muskeln den Zucker nicht richtig verbrennen, und Krämpfe sind das Ergebnis. Sie können sich überall dort bilden, wo es Muskeln gibt. Schmerzen im Oberschenkel, die vor allem beim Gehen auftreten und den Betroffenen hinken lassen, werden durch verengte Arterien im Bein verursacht. Diese wiederum entstehen durch Arteriosklerose, die Ablagerung von Fetten, Cholesterin und Calcium (Kalk) an den Wänden der Arterien. Dies kann in jeder Arterie des Körpers geschehen, und die Folgen sind oft katastrophal.

Noch niemandem ist es bisher gelungen, eine Pumpe zu bauen, die ohne Wartung 70 Jahre lang arbeitet und dabei etwa 2,5 Milliarden Mal pumpt. Die Tatsache, daß das menschliche Herz dies häufig sogar dann noch tut, wenn sein Besitzer Raubbau mit ihm treibt, zeigt uns, wie weit wir noch davon entfernt sind, etwas ähnlich Leistungsfähiges zu konstruieren. Nicht weniger bemerkenswert sind die Gefäße, die das Blut durch Herz und Körper leiten. Leider ist es möglich, das Herz so zu schädigen, daß es sich nicht mehr reparieren läßt. Vor dem Zweiten Weltkrieg waren Herz- und Gefäßerkrankungen so selten, daß Ärzte die Behörden von Todesfällen durch Herzversagen informieren mußten. Heute erliegen fast viermal mehr Männer vorzeitig (d. h. vor dem 64. Altersjahr) einem Herzanfall als Frauen (Zahlen für die Schweiz: 1308 Männer, 378 Frauen). Schuld daran sind verstopfte Blutgefäße.

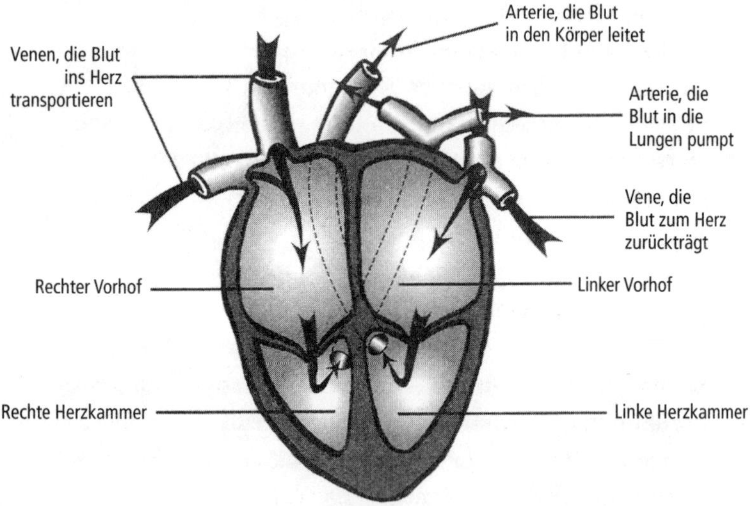

Das Herz der Dinge

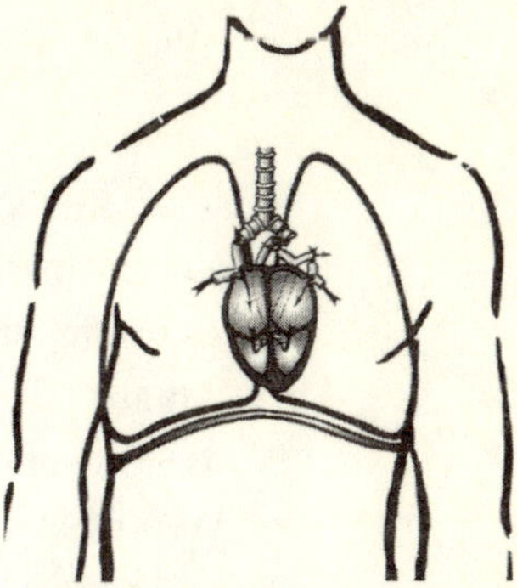

Ein menschliches Herz ist etwa so groß wie eine geballte Faust. Es sitzt hinter dem unteren Teil des Brustbeins zur linken Seite hin, hat eine eher konische Form und erstreckt sich bis hinunter zur fünften oder sechsten Rippe. Mit Blut versorgt wird das Herz durch spezielle Gefäße, die Koronararterien. Der Name leitet sich vom lateinischen *corona,* ›Krone‹, ab, denn würde man die Adern auf den Kopf stellen, sähen sie aus wie eine Krone. Auch im Herzmuskel kann es zu Krampfbeschwerden kommen, der sog. Angina pectoris, die durch mangelhafte Blutversorgung des Herzmuskels verursacht wird. Die Beschwerden reichen von dumpfen Beklemmungsgefühlen bis hin zu heftigen Schmerzen im Brustkorb. Ein Angina-pectoris-Anfall wird häufig durch körperliche Anstrengung ausgelöst, z. B. Treppensteigen. Er sollte höchstens 15 Minuten dauern und kann durch Medikamente, meist eine Tablette oder ein unter die Zunge verabreichtes Spray, gelindert werden. Hält der Schmerz länger an, kann dies ein Hinweis auf eine ernstere Schädigung sein. In diesem Fall sollten Sie sofort Ihren Arzt oder einen Krankenwagen rufen.

Männer sind besonders gefährdet

Sie haben eine überdurchschnittliche Chance, eine Herzkrankheit zu entwickeln:

- Wenn Sie rauchen. 20 Zigaretten am Tag verdoppeln das Risiko einer Herzerkrankung.

- Wenn Ihr Vater oder Bruder in frühem Alter an einer Herzkrankheit starb. Glücklicherweise lassen sich viele der erblichen Ursachen von Herzerkrankungen behandeln, während Rauchen und falsche Ernährung die Veranlagung begünstigen.
- Wenn Sie einen hohen Blutdruck haben. Die Beziehung zwischen Bluthochdruck und Herzerkrankungen wird noch erforscht, doch gibt es keinen Zweifel, daß der Zusammenhang besteht.
- Wenn Sie einen hohen Cholesterinspiegel haben. Dieser wird vor allem in Verbindung mit den anderen Faktoren zum Risiko. Der Cholesterinspiegel läßt sich senken, was das Risiko eines Herzinfarktes deutlich verringert.
- Wenn Sie sich ungesund ernähren. Besonders gefährlich sind tierische und gesättigte Fette, vor allem in Verbindung mit gebleichten Kohlehydraten.
- Wenn Sie sich zu wenig bewegen. Durch regelmäßige Gymnastik läßt sich das Risiko um bis zu 50 Prozent vermindern.

Diagnose

Ihre Schilderung des Schmerzes liefert oft den entscheidenden Hinweis darauf, was los ist. Die Diagnose wird mit Hilfe einiger einfacher Tests gestellt, die teilweise vom Hausarzt, teilweise in der Ambulanz des Krankenhauses durchgeführt werden.

- EKG (Elektrokardiogramm). Diese in Fernseh-Seifenopern beliebte Untersuchungsmethode mißt die elektrischen Veränderungen im Herzen, wenn es sich zusammenzieht. Eine Überlastung oder Schädigung wird häufig als Veränderung der normalen Kurve sichtbar. Heutzutage werden die Messungen vom Computer ausgewertet.

- Belastungs-EKG: Die Herzstrompotenziale werden gemessen, während der Patient sich bewegt. Für viele Männer ist dies die erste wirkliche körperliche Betätigung seit Jahren. Leider kommt sie oft zu spät.
- Langzeit-EKG: Ein kleiner Kassettenrekorder wird 24 Stunden lang herumgetragen. Er zeichnet ein durchgehendes EKG des Herzens auf, das dann vom Arzt ausgewertet wird. Mit dieser Methode können vor allem gelegentliche Veränderungen im Verhalten des Herzens ermittelt werden.
- Ultraschall. Mit der Ultraschall-Untersuchung läßt sich vor allem die Funktion der Herzklappen darstellen. Auch eine Vergrößerung des Herzens und die Gründe dafür kann diese Methode ermitteln.
- Angiokardiographie: Eine Serie von Röntgenaufnahmen wird angefertigt, nachdem man zuvor eine kleine Menge eines Kontrastmittels in die Herzgefäße injiziert hat. Verengungen der Koronararterien werden damit sichtbar.

Therapie

Einige Medikamente, wie etwa Nitrate, fördern die Öffnung der Blutgefäße, verbessern die Durchblutung des Herzmuskels und verringern so den Schmerz. Manchmal lassen sich die Gefäße erweitern, indem man in den verengten Abschnitt der erkrankten Arterie einen feinen

Katheter einführt, an dessen Spitze sich ein Ballon befindet, der dann aufgepumpt wird *(Koronarangioplastie).* Dieses Verfahren führt in über 90 Prozent der Fälle zum Erfolg und kann bei Bedarf wiederholt werden.

In wirklich schweren Fällen muß das Blut durch einen sog. *aortokoronaren Bypass* künstlich umgeleitet werden. Dem Bein wird ein langes Venenstück entnommen und auf den verstopften Abschnitt der Koronararterie aufgesetzt. Sind alle wichtigen Koronararterien betroffen, können bis zu drei solcher »Umleitungen« notwendig sein. Schon drei Monate nach dieser Operation führen die meisten Patienten wieder ein normales Leben und üben ihren Beruf wieder aus; nur 11 Prozent der Operierten leiden weiter an Angina pectoris.

Herzinfarkte

Herzanfall, Myokardinfarkt, Koronarthrombose – dies sind nur andere Namen für das, was gemeinhin ›Herzinfarkt‹ genannt wird und die häufigste einzelne Todesursache bei Männern darstellt. Werden die Koronararterien völlig verstopft, wie es bei einem Herzinfarkt geschieht, kann es zu heftigen Schmerzen kommen, und wird die Blutversorgung nicht umgehend wiederhergestellt, beginnt der Herzmuskel abzusterben. Der Herzschlag wird unregelmäßig und setzt schließlich ganz aus. Innerhalb von maximal drei Minuten müssen dann Puls und Atmung durch die sog. *Herz-Lungen-Wiederbelebung* (Beatmung und Herzmassage) wieder angeregt werden, sonst kommt es zu bleibenden Schädigungen von Herz und Gehirn.

Wie erkennen Sie, was los ist?

Den meisten Männern ist klar, was geschieht. Dies kann die ganze Sache aber noch verschlimmern, da durch die Angst Adrenalin freigesetzt wird, das den Puls erhöht und das Herz dadurch noch weiter schädigt. Manchmal jedoch glaubt der Patient, er habe nur eine Magenverstimmung. Dies ist besonders gefährlich, da es die Behandlung verzögert. Zu den Symptomen eines Herzinfarktes zählen:

- Plötzliche heftige Schmerzen im Brustkorb, die manchmal bis zum Hals, in den linken oder rechten Arm oder sogar in den Unterleib ausstrahlen. Viele Betroffene haben das Gefühl, der Brustkorb werde abgeschnürt.
- Starkes Schwitzen.
- Atemnot.
- Übelkeit, Erbrechen oder allgemeines Unwohlsein.

Diese Symptome zu ignorieren kann schnell gefährlich werden. Mehr als 25 Prozent der Betroffenen sterben noch am ersten Tag. Von den übrigen überleben die meisten dank rechtzeitiger Behandlung.

Therapie

Rufen Sie neben Ihrem Hausarzt auch immer sofort einen Krankenwagen. Notfallärzte führen Medikamente mit sich, die Blutgerinnsel und Adernverstopfungen auflösen und so eine weitere Schädigung des Herzmuskels verhüten. Da diese Medikamente so schnell wie möglich verabreicht werden müssen, sollten Sie sofort den Arzt rufen.

Hat der Herzschlag ausgesetzt, wird der Notarzt ihn durch einen mit einem sog. Defibrillator verabreichten Elektroschock wieder anregen. Erwarten Sie nicht, daß Sie sich beim Erwachen wie Dornröschen fühlen. Doch hat der Kerl, der sich über Sie beugt, Sie ins Leben zurückgeküßt. Nach dem Anfall ersetzt das Herz beschädigte Muskeln durch Narbengewebe, das zur Funktion des Herzens jedoch nichts beiträgt, da es kein Muskel ist. Sie werden darum möglicherweise unter folgenden Beschwerden leiden:

- Müdigkeit.
- Atemnot. Durch den Rückstau von Blut in der Lunge wird die Atmung behindert.
- Schmerzen im Brustkorb, Angina pectoris. Kann mit Medikamenten behandelt werden.
- Unregelmäßiger Herzschlag. Herzklopfen tritt nach Herzanfällen häufig auf.

Bis zur völligen Genesung wird man Sie weiter regelmäßig untersuchen. Bestimmte Medikamente helfen, einen erneuten Herzinfarkt zu verhüten. So verhindert ASS (Aspirin®), daß die Blutkörperchen verklumpen, während Mittel, die den Cholesterinspiegel senken, den Anteil schädlicher Fettsäuren im Blut vermindern. Körperliche Bewegung ist wichtig. Nichts brauchen Sie jetzt weniger als ausgedehnte Bettlägerigkeit.

Vorbeugung

Trotz aller medizinischen Fortschritte sterben immer noch zu viele Männer an Herzinfarkten. Das einzige Mittel dagegen ist rechzeitige Vorbeugung.

- Geben Sie das Rauchen auf. Wie die Weltgesundheitsorganisation (WHO) 1994 zeigte, stirbt jeder zweite Raucher an den direkten Folgen seines Lasters. Das Rauchen läßt das Blut schneller verklumpen, fördert Arterienverkalkung und erzeugt Kohlenmonoxid, das den verfügbaren Sauerstoff vermindert und das herzschützende Vitamin C zerstört.
- Trinken Sie Alkohol in Maßen. Es ist nicht nötig, ganz auf Alkohol zu verzichten. Zwei Gläser Rotwein pro Tag helfen sogar, die Arterien zu schützen, denn Rotwein enthält Antioxidationsmittel und verhindert ein Verklumpen der Blutkörperchen. Trinken Sie jedoch nicht mehr als 3 Liter pro Woche, denn die positive Wirkung verschwindet bei übermäßigem Genuß.
- Essen Sie Fett zusammen mit Vollwertnahrung. Das pauschale Reduzieren aller Fette, also nicht nur der tierischen, ist vermutlich nicht der richtige Weg. Es kommt vielmehr auf die richtige Zusammensetzung der Nahrung an.
- Essen Sie mehr vitaminreiche Nahrung. Wichtig sind vor allem die Vitamine C, A, D und E.
- Nehmen Sie weniger Salz zu sich. Denken Sie daran,

daß das meiste Salz aus chemisch verarbeiteter Nahrung stammt.

- Bewegen Sie sich. Sie brauchen nicht zum zwanghaften Dauerläufer zu werden; nutzen Sie ganz einfach die Möglichkeiten zur Bewegung, die der Alltag bietet. Nehmen Sie z. B. statt des Lifts die Treppe.
- Überlegen Sie, wo Ihre Lebensweise Streß mit sich bringt. Läßt sich der Streß nicht vermindern, dann versuchen Sie es mit Entspannungsübungen.
- Nehmen Sie ab, wenn Sie zu dick sind.
- Auch Sex ist überaus hilfreich. Manche Ärzte glauben, ein gelungener Liebesakt sei soviel wert wie ein 5-km-Lauf.

Andere Herzprobleme

Zu den angeborenen Herzfehlern zählt das sog. ›Loch im Herz‹, ein Begriff, der an ein gewaltiges bluttriefendes Loch mitten im Herzen denken läßt. Solche Schreckensbilder haben zum Glück mit der Wirklichkeit nur wenig gemein. Die embryonalen Verbindungen zwischen dem arteriellen und dem venösen Kreislauf bleiben hier auch nach der Geburt offen, wodurch sich sauerstoffreiches und sauerstoffarmes Blut mischen. Solche »Löcher« lassen sich meist durch einen chirurgischen Eingriff schließen, was die beiden Arten Blut voneinander getrennt hält.

Die rheumatische Endokarditis (Herzentzündung) zählte früher zu den schwersten Herzerkrankungen bei Kindern und Jugendlichen, da sie das gesamte Herz und seine Membranen schädigte. Sie trat meist als Folge von rheumatischem Fieber auf. Durch den Einsatz von Antibiotika gegen die das rheumatische Fieber verursachenden Streptokokken-Bakterien wurde die Krankheit stark zurückgedrängt. Dennoch gibt es noch immer Menschen mit Herzgeräuschen, die von undichten, durch das rheumatische Fieber geschädigten Herzklappen herrühren. Größere Schädigungen lassen sich u. U. mit künstlichen Herzklappen korrigieren.

Herztransplantationen

1967 wurde zum ersten Mal das Herz eines Menschen in den Körper eines anderen eingepflanzt. Es war der südafrikanische Chirurg Christiaan Barnard, der diese erste Herztransplantation vornahm. Schnell hatten viele andere Chirurgen die Technik übernommen. Da die meisten Patienten jedoch bald nach der Verpflanzung starben, wurden 1970 nur noch 18 Transplantationen durchgeführt, gegenüber 100 zwei Jahre davor. Das größte Problem war, daß die körpereigene Abwehr jedes fremde Gewebe abstieß. Heute jedoch sind Herzverpflanzungen so alltäglich geworden, daß die Presse sie kaum noch zur Kenntnis nimmt. In einem umstrittenen Eingriff verpflanzte man 1984 in Kalifornien ein Pavianherz in ein neugeborenes Mädchen, doch wurde das Herz vom Körper des Babys wieder abgestoßen. In Zukunft sind es vielleicht Schweine, deren Herz ein menschliches ersetzt.

Künstliche Herzen

Seit den 50er Jahren beschäftigt sich die Forschung mit der Entwicklung künstlicher Herzen. 1966 implantierte Dr. Michael De Bakey erstmals eine künstliche Blutpumpe als vorübergehende Maßnahme; eine Pumpe dieser Art arbeitete sogar mehrere Jahre. Das erste künstliche Herz auf Dauer, entworfen von Dr. Robert Jarvik, wurde 1982 einem Patienten eingepflanzt, der nach der Operation noch drei Monate lebte. Seither erhielt eine Reihe von Patienten die von Jarvik entwickelten Herzimplantate und andere Kunstherzen, doch die Empfänger, die überlebt haben, erleiden häufig Schlaganfälle und ähnliche Nebenwirkungen.

Bluthochdruck – der stille Tod

Wer den Blutdruck nicht wirklich mißt, findet nur schwer heraus, ob er zu hoch ist oder nicht. Wenn die Nase erst einmal blutet und der Urin rot gefärbt ist, ist der Blutdruck schon seit langer Zeit erhöht. Kopfschmerzen sind kein verläßlicher Hinweis, eine dicke rote Nase ist es ebensowenig. Die meisten Menschen mit zu hohem Blutdruck fühlen sich sogar ausgesprochen wohl, doch ist dies wie die Ruhe vor dem Sturm. Das Herz wird nach und nach geschädigt, die Blutgefäße im Gehirn werden überlastet, und auch die Nieren leiden schwer. Mit Recht nennt man den Bluthochdruck darum den *stillen Tod*.

Das Hochpumpen des Blutdrucks

Wenn Sie das nächste Mal sehen, wie jemand ohnmächtig wird, dann betrachten Sie einmal sein Gesicht. Die erschreckende Blässe und die verdrehten Augen haben dieselbe Ursache - einen Mangel an Blut im Kopf. Für einige wenige Sekunden ist der Druck des aus dem Herzen strömenden Blutes so tief gefallen, daß das Blut nicht mehr weit genug hinaufkommt, um das Gehirn wach zu halten. Wie Sie vielleicht wissen, werden Menschen im Liegen nicht ohnmächtig.

Jedes Fahrzeug, bei dem die Ölpumpe niedriger liegt als das Kurbelgehäuse, weist diesen grundlegenden Fehler auf. Wenn die Pumpe nicht hart genug arbeitet, können Sie sich bald von Ihrem Motor verabschieden. Steigt der Druck aber zu hoch, zieht der Wagen eine Spur hinter sich her wie ein leckgelaufener Öldampfer. Die Dichtung ist geplatzt.

Menschen haben eine tiefliegende Pumpe. Zugegeben, es wäre etwas unpraktisch, das Herz zwischen den Ohren zu haben, aber es wäre die Lösung eines kniffligen Problems. Tag für Tag muß das Herz den Blutdruck hoch genug halten, um das Gehirn mit Sauerstoff und Energie zu versorgen. Der Druck darf jedoch keinesfalls so weit steigen, daß eine Ader platzt. Körperliche Bewegung, Sex und sogar das Aufstehen erfordern eine Erhöhung des Blutdrucks. Schlaganfälle und Aneurysmen (sackartige Arterienerweiterungen) führen dazu, daß jedes Jahr erschreckend viele Menschen nicht mehr durch den TÜV (oder das Straßenverkehrsamt) kommen. Anders als bei einem Auto läßt sich der Kopf zur Inspektion nicht einfach herunternehmen. Glücklicherweise nimmt die Zahl der Schlaganfälle ab, seit wir wissen, daß Bluthochdruck eine der Ursachen ist.

Das Messen des Blutdrucks

Zur Bestimmung des Blutdrucks sind zwei Meßwerte notwendig. Die um ihren Oberarm oder Schenkel gelegte Manschette wird so weit aufgepumpt, daß der Blutstrom abgeklemmt wird. Je mehr dabei der Druck auf die Ader zunimmt, desto höher steigt die Quecksilbersäule des Meßgerätes. Der Arzt vermindert dann den Druck in der Manschette, bis es dem Herzen gelingt, Blut durch die Arterie zu drücken. Durch das Stethoskop, das gleichzeitig auf die Ader gedrückt wird, ist dies als klopfendes Geräusch zu hören. Jetzt kennen Sie den *systolischen Druck,* der der Kontraktion des Herzens entspricht. Während der Druck in der Manschette weiter fällt, wird das Klopfen leiser, bis es schließlich verschwindet. Der in diesem Moment abgelesene zweite Meßwert, der *diastolische Druck,* entspricht der Kontraktion der Arterie. Sie haben nun den oberen und den unteren Wert Ihres Blutdrucks.

Arterienverkalkung und Bluthochdruck

Nach jeder Kontraktion muß das Herz sich entspannen, um sich erneut zusammenziehen zu können. Der Blutfluß in das Gehirn darf jedoch nicht unterbrochen werden, nicht einmal für den Bruchteil einer Sekunde, denn Bewußtlosigkeit wäre die Folge. Damit das Blut gleichmäßig fließt, ziehen sich dann, wenn das Herz sich entspannt, die Arterien zusammen. Dieser diastolische Druck ist zwar nicht so groß wie der vom Herzen erzeugte systolische Druck, doch er ist immer noch stark genug, um zu verhindern, daß Sie nach jedem Herzschlag einschlafen, eine Reaktion, die einer guten Unterhaltung bestimmt nicht förderlich wäre, von der Leistungsfähigkeit von Piloten oder Fluglotsen ganz zu schweigen.

Der diastolische Druck fällt, wenn die Hauptarterien durch Arteriosklerose, also die Ablagerung von Fett an den Gefäßwänden, steif geworden sind und sich nicht mehr zusammenziehen können. Auch verengen Fettablagerungen die Arterien und behindern so den Blutstrom. Die Rezeptoren der Arterie interpretieren Steifheit und verminderte Durchblutung als niedrigen Blutdruck. Zum Ausgleich verkürzt das Herz die Ruhephasen zwischen den Kontraktionen und erhöht den Druck, wenn es sich zusammenzieht, so daß es nun schneller und härter arbeitet und sich weniger ausruht. Der so entstehende Hochdruck kann eine Arterie im Gehirn zum Platzen bringen. Auch das Herz selbst wird durch diese dauernde Überanstrengung geschädigt.

Aller guten Dinge sind drei

Je härter die Arterien werden, desto größer wird die Differenz zwischen den beiden Meßwerten. Der Blutdruck eines gesunden Zwanzigjährigen liegt bei 120/70 mm. Bis zum 50. Lebensjahr steigt er auf etwa 150/80, doch sind Werte um 200/100 bei schwerer Arteriosklerose keine Seltenheit. Für die Weltgesundheitsorganisation beginnt krankhafter Bluthochdruck bei 160/95, doch spielt hierbei auch das Alter eine wesentliche Rolle. Zur Ermittlung des Durchschnittswertes sind mindestens drei Messungen

notwendig, denn der Blutdruck schwankt erheblich. Schon die Aufregung bei der Messung durch den Herrn oder die Dame in Weiß kann die Quecksilbersäule um 10 mm nach oben treiben. Addieren Sie 30 mm hinzu, wenn Sie für 10 Uhr bestellt wurden, den Arzt aber erst um 11 zu Gesicht bekommen. Achten Sie beim Arztbesuch auch auf die richtige Reihenfolge, sonst schießt die Quecksilbersäule wie ein Feuerwerkskörper in die Höhe, nur weil Sie vor der Blutdruckmessung rektal untersucht wurden.

Der Körper überwacht den Blutdruck durch die Rezeptoren in den Arterienwänden, die bei nachlassendem Druck Signale an das Gehirn schicken, wodurch die Aktivität des Herzens angeregt wird. Der Blutdruck wird jedoch nicht nur durch den Puls erhöht. Indem das Herz vor jedem Schlag vermehrt Blut aufnimmt, steigert es den Druck durch den größeren Blutausstoß.

Selbsthilfe

Auch ohne Medikamente können Sie einiges tun, um Ihren Blutdruck niedrig zu halten. Dies ist auch vernünftig, denn manche blutdrucksenkende Mittel können eine Reihe von Nebenwirkungen hervorrufen, wie etwa Impotenz, Müdigkeit und Depressionen. Konsultieren Sie dennoch Ihren Arzt, bevor Sie etwaige Arzneimittel absetzen oder reduzieren, denn sonst steigt Ihr Blutdruck möglicherweise steil an, ohne daß Sie es bemerken.

Zwanzig Wege zur Senkung des Blutdrucks

1 *Sprechen Sie sanft, aber mit einem großen Stock in der Hand*

Bei jedem Menschen – er muß nur wütend genug sein – kann der Blutdruck rasch in schwindelnde Höhen steigen. Zwar fällt der Wert meist genauso schnell wieder ab, doch wenn Sie sich häufig genug ärgern, wird Ihr Blutdruck nach und nach immer höher, bis er schließlich die feinen Gefäße im Gehirn schwächt. Schreien erhöht den Blutdruck, ruhiges Sprechen senkt ihn, selbst wenn Sie sich dabei ärgern. Wenn Sie also das nächste Mal ausgeraubt werden, flüstern Sie einfach: »Nur zu, du Gauner, es ist mir ein Vergnügen!« Sie werden zwar trotzdem die Brieftasche los sein, aber Sie platzen wenigstens nicht vor Wut. Ziehen Sie sich dann mit Ihrem Stock eins über, weil Sie keine Reiseschecks gekauft haben.

2 *Immer tief durchatmen*

Wenn Sie sich auf der Toilette sehr anstrengen, steigt der Blutdruck in Ihrem Gehirn. Betasten Sie die Schwellung auf dem Kopf eines Babys, wenn es vor lauter Schreien blau im Gesicht ist: Statt der flachen Vertiefung der Fontanelle werden Sie dort eine Art Maulwurfshügel finden. Das gleiche geschieht mit den Blutgefäßen in Ihrem Gehirn, wenn Sie Ihren Atem gegen den geschlossenen Mund pressen.

3 *Führen Sie eine Bibel mit sich*

Lügen ist harte Arbeit. Nicht nur, daß Sie angestrengt vermeiden müssen, den wahren Gang der Ereignisse zu schildern, Sie müssen sich auch eine Geschichte ausdenken, auf die jeder große Politiker stolz wäre. Zusammen mit dem Blutdruck erhöht sich dabei auch Ihr Puls, was dem Lügendetektor wertvolle Meßwerte liefert. Zücken Sie also beim nächsten Besuch des Rechnungsprüfers die Bibel, und schwören Sie bei Gott.

4 Hören Sie den Reden von Politikern zu

Brüllendes Gelächter führt zur Ausschüttung von Endorphinen im Gehirn, was wiederum den Blutdruck senkt. Achten Sie bei den Reden auf besonders gelungene Sätze wie »Wir versprechen, alle Steuern zu senken«. Regelmäßiges Lachen kann den Blutdruck dauerhaft niedrig halten, also nehmen Sie die Sendungen am besten auf Video auf.

5 Halten Sie sich einen Hund

Hunde senken den Blutdruck. Genauer gesagt, Ihr *eigener* Hund senkt den Blutdruck. Hunde anderer Leute können den entgegengesetzten Effekt haben, vor allem, wenn sie an Ihrem Schritt schnüffeln, als hätten Sie ein Filetsteak in den Shorts. Haustiere senken meist den Blutdruck, vermutlich, weil sie Streß abbauen und die Ausschüttung von Endorphinen auslösen. Mit zunehmender Größe des Haustiers schwindet die positive Wirkung jedoch. Zwar läßt sich auch ein Eisbär ganz hervorragend umarmen, aber meist nur ein einziges Mal.

6 Versuchen Sie's mit einer Wiedergeburt

Die Anlage zum Bluthochdruck wird zum Teil vererbt und bildet sich im Verlauf der Entwicklung im Mutterleib heraus. Die Fingerabdrücke entstehen beim ungeborenen Kind erst spät. Wirbel und Dellen sind ein Hinweis auf mangelhafte Versorgung durch die Plazenta, was wiederum das Geburtsgewicht verringert. Je mehr Wirbel und Windungen Ihr Fingerabdruck aufweist,

desto größer ist in der Regel Ihr Bluthochdruckrisiko. Bei Männern mit mindestens einem Wirbel liegt der Blutdruck im Schnitt 6 Prozent über dem Normalwert. Zu Ihrer Beruhigung sei gesagt, daß Sie pro Fingerspitze nicht mehr als zehn Wirbel haben können.

7 *Geben Sie Ihre Freunde auf, essen Sie viel Knoblauch*
Untersuchungen haben gezeigt, daß drei Zehen Knoblauch den Blutdruck erheblich senken. Falls Sie jedoch einmal ein Herzstillstand niederstreckt, wird Ihnen der Lebensretter wohl erst Petersilie in den Mund stopfen, bevor er Sie beatmet.

8 *Werden Sie zum Säufer, aber in Maßen*
Auch zwei Gläser Rotwein pro Tag – Gläser, nicht Flaschen – senken den Blutdruck. Neueste Untersuchungen haben gezeigt, daß maßvoller Alkoholgenuß in jeder Form die Gesundheit fördert. Ab einem Konsum von mehr als 2–3 Gläsern täglich verkehrt sich die positive Wirkung jedoch in ihr Gegenteil.

9 *Trinken Sie lieber Kräutertee als Kaffee*
Koffein aus Kaffee oder Tee erhöht den Blutdruck rasch, doch tritt diese Wirkung bei regelmäßigem Koffeingenuß nicht mehr so zuverlässig ein. Ob der Konsum von Kaffee und Tee auch Herzerkrankungen verursacht, ist noch umstritten. Tee enthält jedoch auch Flavonoide, die das Herz möglicherweise sogar stärken.

10 *Seien Sie Stan Laurel, nicht Oliver Hardy*
Auch wenn Sie Übergepäck mit sich herumtragen,

können Sie in Schwierigkeiten geraten. Für jedes Kilo, das Sie über Ihrem Idealgewicht liegen, steigt die Quecksilbersäule beim diastolischen Blutdruck $^1/_3$ mm an. Die gute Nachricht: Abnehmen senkt den systolischen und den diastolischen Blutdruck.

11 *Ölen Sie Ihren Verdauungstrakt*

Zwar streiten sich die Gelehrten noch darüber, welche Wirkung essentielle Fettsäuren wie Linol-, Arachidon- und Eicosapentaensäure auf den Blutdruck haben, doch ist der Zusammenhang zwischen dem Schutz vor Arterienverkalkung und dem Verzehr von öligem Fisch bewiesen. Sie können Ihren Blutdruck schon dadurch senken, daß Sie gar nicht erst versuchen, den Namen dieser Fettsäuren auszusprechen; Ihr Fischhändler wird sie vermutlich nicht pfundweise verkaufen und bestimmt nicht als Filet. Makrele ist preiswert und enthält viel »gesundes« Öl, wenngleich Nordseefisch dem Motor Ihres Wagens oft mehr nützt als Ihren Arterien.

12 *Essen Sie viel Ballaststoffe*

Die Weltgesundheitsorganisation empfiehlt, täglich mindestens ein halbes Kilo Obst zu essen. Auch andere natürliche Quellen von Ballaststoffen helfen, den Cholesterinspiegel zu senken. Eine ballaststoffreiche Diät hilft auch, akute Blutdruckkrisen zu verhüten, wenn Sie auf einer weißen Schüssel sitzen und zu spät entdecken, daß Ihr Mitbewohner das letzte Blatt Papier verbraucht hat.

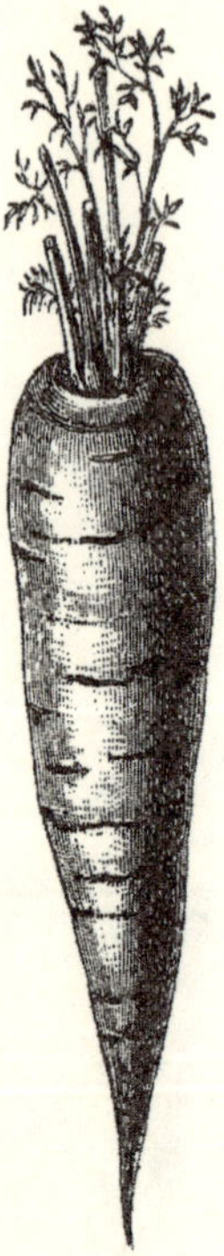

13 Achten Sie auf Ihren Cholesterinspiegel

Antioxidantien wie die Vitamine A, C und E verhüten eine Schädigung Ihrer Arterien, indem sie die Cholesterinablagerung senken. Enthalten sind sie z. B. in Karotten, Broccoli, Orangen und Weizenkeimen.

14 Spülen Sie Ihre Nieren gut durch

Trinken Sie zur Durchspülung der Nieren mindestens 1 Liter klares Wasser pro Tag. Bluthochdruck kann durch zu starke Entwässerung des Körpers verursacht werden.

15 Je mehr Sex, desto besser

Das olympische Komitee hat entschieden, daß Sex die Leistungsfähigkeit von Sportlern nicht beeinträchtigt, vor allem nicht von Stabhochspringern. Die medizinische Forschung hat bestätigt, daß eine gute Liebesnacht so viel wert ist wie ein 5-km-Lauf. Sex läßt den Blutdruck natürlich ansteigen, wenn auch nur vorübergehend. Schon der bloße Gedanke daran kann Ihren Blutdruck um 50 Prozent in die Höhe schnellen lassen, und wenn die Gefäße in Ihrem Gehirn schon angegriffen sind, kann dies der Tropfen sein, der das Faß zum Überlaufen bringt. Beim Orgasmus jedoch schüttet das Gehirn ganze Kübel von Endorphinen aus, wodurch der Blutdruck genauso rapide sinkt wie ein gewisser anderer Körperteil.

16 Entwickeln Sie ein gutes Gefühl für Streß

Adrenalin ist ein entwicklungsgeschichtlich altes Hormon, das von den Nebennieren produziert wird und das Herz zu einer Erhöhung von Pulsschlag und

Blutausstoß anregt. Der Blutdruck steigt, und das Blut wird von den Eingeweiden abgezogen und in Gehirn, Muskeln und Sinnesorgane geleitet. Sie können nun entweder fortlaufen oder kämpfen. Allerdings haben Sie vermutlich keinen Säbelzahntiger am Eingang Ihrer Höhle stehen, sondern sitzen vor dem Computer-Monitor und sehen zu, wie Ihre Firma den Bach hinuntergeht. Chronischer Streß führt nach und nach zu einem dauerhaften Ansteigen des Blutdrucks. Andererseits ist Adrenalin für körperliche Hochleistungen unerläßlich.

17 *Lassen Sie eine Geschlechtsumwandlung vornehmen*
Frauen sind weniger anfällig vor Bluthochdruck als Männer. Eine Geschlechtsumwandlung ist allerdings teuer, denn die Hormone gibt es nicht umsonst. Dafür wird Ihre Glatze bald wieder bewachsen sein, so daß Sie sich ausgiebig die Haare raufen können.

18 *Seien Sie nicht das Salz der Erde*
Wie sich Salz auf den Blutdruck auswirkt, ist noch nicht ganz geklärt. Es gibt jedoch Hinweise darauf, daß ein hoher Salzkonsum, wie er für die Industrieländer des Westens typisch ist, andere Risikofaktoren begünstigt. Manche Ärzte halten eine kalzium- und potassiumarme Diät für nicht minder gefährlich. Einige Obstsorten stecken voller Potassium. Essen Sie eine Banane, und saugen Sie an der Kreide, bevor Sie den Billardstock damit einreiben.

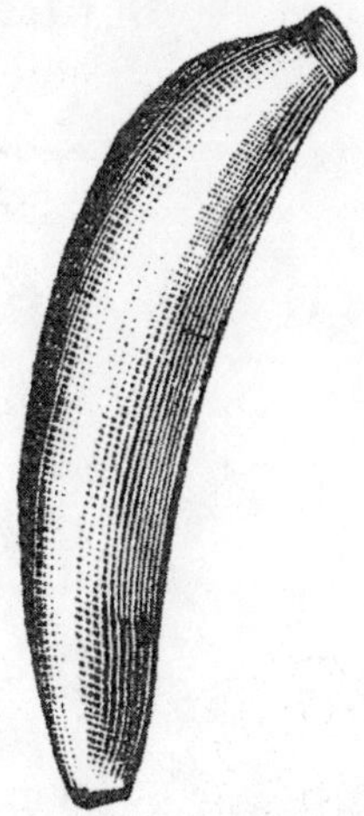

19 Kochen Sie vor Wut, wenn es sein muß, aber rauchen Sie nicht

Zwar mindern Zigaretten Streß, vor allem bei der Verabschiedung des Staatshaushalts, doch schädigen sie auch die Koronargefäße, vor allem, wenn Sie schon an Bluthochdruck leiden. Es gibt nur einen Weg, Ihre Gefäße zu schützen: Schmeißen Sie die Zigaretten weg. Es gibt keine Hinweise darauf, daß Tabak bei Mülltonnen Bluthochdruck verursacht, also brauchen Sie auch kein schlechtes Gewissen zu haben.

20 Geben Sie dieses Buch einem Freund

Wenn Sie nun Ihr weiteres Vorgehen zur Senkung des Blutdrucks planen, wird er dadurch eher ansteigen. Also lassen Sie diese Ratschläge lieber jemand anderen lesen.

Der letzte Ausweg

Wenn die obigen Ratschläge nicht helfen, verschreibt der Arzt Ihnen vielleicht blutdrucksenkende Medikamente.

Zwar sollten diese nur in begründeten Fällen verordnet werden, doch mehren sich die Hinweise darauf, daß die künstliche Senkung eines stark erhöhten Blutdrucks das Schlaganfallrisiko deutlich verringert. Früher glaubte man, blutdrucksenkende Mittel müßten ein Leben lang eingenommen werden. Heute weiß man jedoch, daß Änderungen des Lebensstils, der Ernährungsweise und des Alkohol- und Tabakkonsums genauso wirksam sein können wie eine medikamentöse Therapie. Ebenso gesichert ist, daß die Senkung eines erhöhten Cholesterinspiegels Bluthochdruck verhüten kann.

Zu Tode geschuftet – Arbeit und Gesundheit

Ein Patient berichtete mir einmal ganz ernsthaft, er leide an einer Berufskrankheit namens ›Lethargie‹. Er hatte sogar ein Schreiben seines Arztes dabei, in dem zu lesen war: »Herr XY leidet an schwerer Lethargie.« Es stimmte. Als ich den Patienten bat, er solle mal eben mitkommen, um seinen vermutlich gebrochenen Finger röntgen zu lassen, verlangte er nach einem Rollstuhl.

Berufskrankheiten und Arbeitsunfälle sind häufig. Hatte man erst einmal begonnen, Maschinen einzusetzen, Chemikalien zu sprühen oder Ernteerträge künstlich zu steigern, war es unvermeidlich, daß jemand den Preis dafür zu zahlen hatte. In der ›guten alten‹ Zeit vor dem Ersten Weltkrieg erkrankten Knaben, die als Schornsteinfeger arbeiteten, durch den Kontakt mit Ruß an einem besonders scheußlichen Tumor des Hodensacks. Viele solcher Erkrankungen entdeckte man erst, als es für die Betroffenen zu spät war. Als man die Zahlen auf den Zifferblättern von Armbanduhren von Frauen mit Leuchtfarbe anmalen ließ, wußte man noch nichts von den Gefahren der Radioaktivität. Der radioaktive Zerfall der Farbe ließ die Ziffern so leuchten, daß wir auch im Dunkeln die Zeit ablesen konnten. Leider leckten die Arbeiterinnen den Pinsel auch noch ab, um einen feineren Strich zu bekommen. Mund- und Kieferkrebs war die unvermeidliche Folge.

Obwohl die Arbeitsbedingungen heute sehr viel stren-

ger überwacht werden, kommen Berufskrankheiten immer noch vor, und häufig hinkt die Gesetzgebung dem medizinischen Erkenntnisstand hinterher. Lange bevor man die Arbeiter gesetzlich gegen Asbest schützte, wußte man, daß der eingeatmete Asbeststaub die Lunge zerstört. Blasenkrebs wird oft durch Schwefelverbindungen verursacht, mit deren Hilfe man Gummi härter und haltbarer macht. Die Arbeiter in solchen Betrieben waren also einem erhöhten Blasenkrebsrisiko ausgesetzt. Die Arbeit an stark vibrierenden Maschinen kann die peripheren Nerven schädigen, so daß Männer, die mit Preßlufthammern und ähnlichen Geräten arbeiten, ausgedehnte Pausen benötigen, damit das ständige Vibrieren nicht die Nerven in ihren Händen angreift. Menschen, die in einer übermäßig lauten Arbeitsumgebung tätig sind, werden oft schwerhörig, denn der Geräuschpegel einer Kettensäge oder eines Sattelschleppers kann das Gehör dauerhaft schädigen. Extremer Lärm kann sogar die inneren Organe in Mitleidenschaft ziehen.

Rückenschmerzen sind ein weitverbreitetes Leiden. Besonders betroffen sind z. B. Krankenschwestern und Möbelpacker. Die Beschwerden entstehen, wenn man beim Hochheben etwa von Möbeln die falsche Haltung einnimmt. Auch Flitterwöchner erkranken gern an Rükkenschmerzen. Sie tragen nämlich – ganz im Ernst – häufig zuviel Gepäck.

Krankenschwestern leiden oft an einem sog. ›Hammerfinger‹. Durch den Riß der Sehne, die die Finger streckt, werden die Finger nach innen gebeugt. Dazu kommt es z. B., wenn man die Finger beim Bettbeziehen am Bettgestell anschlägt. Wenn dies geschieht, hört man die Krankenschwester sagen: »O je, jetzt kriege ich schon wieder einen Hammerfinger!« Oder etwas Ähnliches.

Bildschirmarbeit

Menschen leiden häufig an Überlastung und Überanstrengung, wobei fast jeder Körperteil einschließlich des Gehirns betroffen sein kann. Computer-Monitore arbeiten

ähnlich wie Fernsehbildschirme. Ein Elektronenstrahl trifft phosphoreszierende Punkte auf dem Bildschirm und bringt sie zum Glühen. Der Strahl wandert so schnell über den Bildschirm, daß er für das menschliche Auge unsichtbar ist und die einzelnen Bildpunkte ein zusammenhängendes Bild ergeben. Zufällig arbeitet das menschliche Auge in der gleichen Weise. Das Gehirn verhindert ein Ermüden der lichtempfindlichen Netzhautzellen auf der Rückseite des Auges, indem es die Muskeln, die das Auge bewegen, ununterbrochen zucken läßt. Bliebe das Auge vollkommen ruhig, würde das Bild auf der Netzhaut allmählich verschwinden. Diese Muskeln ermüden jedoch, wenn man lange Zeit auf einen Bildschirm schaut. Wenn sie dann nicht mehr fähig sind, das Licht über neue Zellen in der Netzhaut wandern zu lassen, wird die Sicht schnell unscharf. Dies wird noch verstärkt, wenn die kleinen Muskeln, die die Linse auf das Bild einstellen, ebenfalls ermüden. Zwar gibt es keine Hinweise darauf, daß das Auge durch Überbeanspruchung geschädigt wird, doch verhindern Sie eine Ermüdung Ihrer Augen, wenn Sie ihnen regelmäßig eine Ruhepause gönnen. Blicken Sie z. B. alle 10 Minuten einen Moment lang auf Gegenstände in der Ferne.

Sehnenscheidenentzündung

Die Augen sind nicht der einzige Körperteil, der durch Bildschirmarbeit belastet wird. Die Arbeit an einer Computertastatur kann z. B. eine Sehnenscheidenentzündung auslösen. Jede fortgesetzte gleichförmige Bewegung, wie Maschineschreiben oder das Drehen eines Schraubenziehers, kann zu einer Entzündung der Sehnen führen. Stellen Sie sich eine Sehne am besten wie die Mine in einem Kugelschreiber vor. Eine dicke Röhre, die Sehnenscheide, schützt die Sehne, wenn sie den Muskelzug weiterleitet. Bei wiederholten gleichförmigen Bewegungen entzündet sich die Sehnenscheide, sie wird heiß, steif und schmerzt. In schweren Fällen ist dann keine Bewegung mehr möglich. Die Muskeln werden schwächer, bis sie schließlich gar keine Kraft mehr haben. Um dies zu verhindern, sollten Sie mit Fingern und Handgelenken alle 10 bis 15 Minuten Bewegungsübungen machen und ihnen außerdem regelmäßige Ruhepausen gönnen.

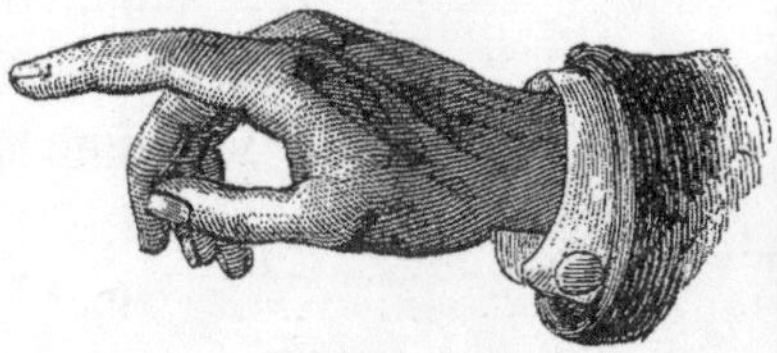

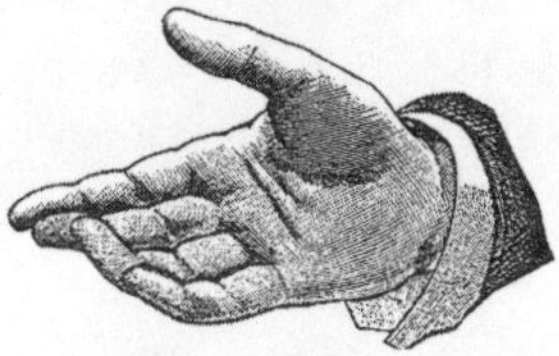

Gefahren der Monotonie

Langeweile und Ermüdung sind die häufigsten Ursachen von Arbeitsunfällen, und unter den Opfern finden sich viermal so viele Männer wie Frauen. Die meisten Verletzungen und Todesfälle ereignen sich am Nachmittag oder am frühen Abend. Der beste Weg, sie zu verhindern, sind Veränderungen in der Monotonie des Arbeitstages. Merkwürdigerweise jedoch fühlen sich Männer durch Veränderungen in der Arbeitsroutine häufig bedroht. »Der Mensch ist ein Gewohnheitstier«, heißt es dann etwa oder: »Ein alter Hund lernt keine neuen Kunststücke mehr.« Solche Aussagen sind ein sicherer Hinweis darauf, daß das Gehirn nicht richtig beansprucht wird.

Schwer verdaulich – Magengeschwüre

Der Verdauungstrakt ist eine wunderbare Sache. Er ist in der Lage, Fleisch zu verdauen, ohne sich dabei selbst zu essen. Haben Sie sich jemals gefragt, wie der Magen eines Kannibalen andere Menschen verdaut, aber nicht sich selbst? Vielleicht sollte man einfach mal einen fragen, am besten am Telefon. Der Magen produziert Säure, die genauso stark ist wie die der Autobatterie, und Milchgerinnungsenzyme, die die Verdauung von Eiweiß einleiten. Diese Säurenmischung wird dann zur weiteren Verarbeitung an den Zwölffingerdarm geleitet, den ersten Abschnitt des Dünndarms. Wenn die schützende Schleimhaut aufbricht, erreichen die Verdauungssäfte das Fleisch der Darmwand, und ein Geschwür entsteht.

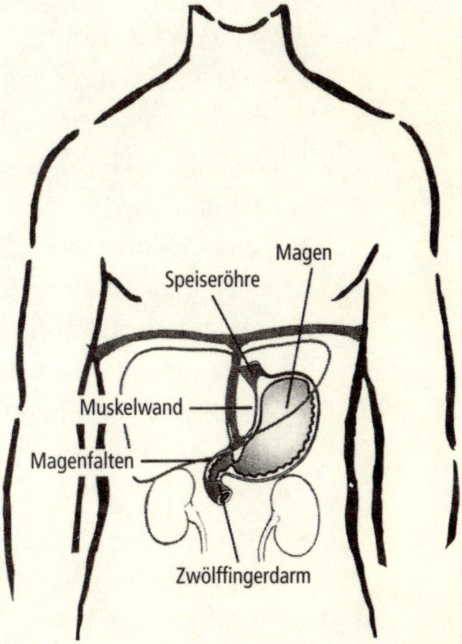

An Magen- und Darmgeschwüren erkranken Männer nur wenig häufiger als Frauen. Magengeschwüre (medizinisch *Ulci ventriculi)* betreffen die Schleimhaut des Magens und treten vor allem bei Menschen über 40 auf. Die regelmäßige Einnahme von Steroiden bei Asthma oder Rheuma kann

z. B. Magengeschwüre verursachen. Schon kleine Mengen entzündungshemmender Medikamente wie ASS (Acetylsalicylsäure) (Aspirin®) oder Ibuprofen können bei Männern, die dafür anfällig sind, Magengeschwüre auslösen. An Zwölffingerdarmgeschwüren erkranken Männer häufiger als Frauen. Sie bilden sich meist am Eingang des Zwölffingerdarms und heilen schneller als Magengeschwüre.

Symptome

Von der Symptomatik her lassen sich Magen- und Zwölffingerdarmgeschwüre nicht eindeutig voneinander abgrenzen. Folgende Beschwerdebilder sind jedoch typisch:

Magengeschwüre

- Ständige Schmerzen und Krämpfe können auftreten, die sich nach dem Essen häufig verschlimmern (bei Zwölffingerdarmgeschwüren lindert Essen meist den Schmerz).
- Magensäurebindende Medikamente (Antazida) lindern den Schmerz, jedoch nur vorübergehend.
- Aufstoßen ist häufig und kann den Betroffenen in peinliche Situationen bringen.
- Auch zu Erbrechen kommt es häufig.

Zwölffingerdarmgeschwüre

- Den meisten Betroffenen wird gegen 2 Uhr nachts bewußt, daß sie ein Zwölffingerdarmgeschwür haben, wenn sie nämlich mit Schmerzen erwachen, als hätten sie einen heißen, roten Feuerhaken direkt über dem Bauchnabel.

- Milch und Nahrung in kleinen Mengen lindern oft den Schmerz, scharfes Essen verschlimmert ihn.
- Wenn es den Enzymen gelingt, sich durch die Darmwand zu fressen, bekommen Sie eine Bauchfellentzündung, und die ist viel gefährlicher als ein Geschwür.

Notfälle

Wenn sich Ihr Geschwür durch die Darmwand in ein Blutgefäß frißt, führt dies zu heftigen Blutungen im Verdauungstrakt. Noch schlimmer ist es, wenn das Geschwür die Darmwand ganz durchbricht und eine Bauchfellentzündung auslöst. Beide Arten von Komplikationen sind sehr gefährlich und müssen sofort operiert werden. Achten Sie auf folgende Anzeichen:

- Rotes oder bräunliches Blut im Erbrochenen.
- Schwarzes teerähnliches oder frisches rotes Blut im Stuhl.
- Heftige Schmerzen direkt unterhalb des Brustkorbs.
- Schwindel beim Aufstehen.
- Starker Durst.

Risikofaktoren

Früher glaubte man, Magengeschwüre seien eine reine Managerkrankheit. Dies ist jedoch nicht der Fall. Arbeitslose z.B. sind häufiger betroffen. Eine Hauptursache ist

Streß, der die Krankheit immer wieder ausbrechen läßt. Besonders hoch ist die Zahl der Magengeschwüre z. B. im bürgerkriegsgeplagten Nordirland. Tabakgenuß beeinträchtigt die Fähigkeit der Magenwand, die schützende Schleimschicht zu bilden. Die beruhigende Wirkung, die die Zigarette auf die meisten Raucher ausübt, ist leider kein Ausgleich dafür. Frei verkäufliche Arzneimittel wie entzündungshemmende Medikamente können Magen- und Zwölffingerdarmgeschwüre verschlimmern und sogar zu Blutungen führen. Das gleiche gilt für koffeinhaltige Getränke. Tee, den man gern mit Ruhe und Entspannung assoziiert, enthält übrigens genauso viel Koffein wie Kaffee.

Es bleibt in der Familie

Auch die Vererbung spielt eine Rolle bei der Anlage zu Magengeschwüren. Ist einer Ihrer nahen Verwandten betroffen, dann ist die Chance größer, daß auch Sie eines Tages ein Magengeschwür bekommen. Verantwortlich dafür ist oft die Blutgruppe, die ebenfalls von den Eltern an die Kinder weitergegeben wird. Wenn Sie Blutgruppe 0 haben, sind Sie nicht nur bei jedem Blutspendedienst begehrt, weil Ihr Blut an praktisch alle anderen Menschen weitergegeben werden kann, sondern Sie haben auch ein um 30 Prozent höheres Risiko, ein Magengeschwür zu entwickeln, als Angehörige anderer Blutgruppen. Sie kriegen dann möglicherweise sogar Ihr eigenes Blut zurück, denn bei Menschen mit Blutgruppe 0 brechen Magengeschwüre besonders häufig durch.

Diagnose

Aus der Krankengeschichte können die meisten Ärzte bereits eine zuverlässige Diagnose ableiten. Leider sind die Beschwerden bei Magenkrebs genau die gleichen wie bei einem Geschwür. Wenn Sie über 40 sind, sollten Sie sich darum vor Beginn jeder Therapie genau untersuchen lassen. (Bei Männern unter 45 tritt Magenkrebs nur sehr selten auf.)

- Bei der ärztlichen Untersuchung wird Ihr Unterleib abgetastet, denn Magengeschwüre mögen es gar nicht, wenn sie gedrückt oder gestoßen werden. Sie reagieren darauf mit Schmerz. Der Arzt wird auch nachsehen, ob Sie innerlich bluten, und möglicherweise eine Rektaluntersuchung vornehmen, vor allem wenn der Patient starke Schmerzen hat. Blasse Haut auf den Handflächen und der Innenseite der Augenlider ist ein Hinweis auf Blutarmut, die durch ein leicht blutendes Magengeschwür verursacht sein kann.
- Nun beginnt der wirkliche Spaß. Nach Einnahme eines röntgenpositiven Kontrastmittels wie etwa Barium leuchtet die Innenseite von Magen und Zwölffingerdarm wie eine Festbeleuchtung. Die aus Ihrer Magenwand herausstehenden großen Glühbirnen sind Geschwüre. ›Bariumbrei‹ nennt man diese Kontrastmittelmahlzeit, die jedoch auf den Speisekarten großer Restaurants eher selten zu finden ist.
- Endgültige Klarheit gibt schließlich eine Gastroduodenoskopie, eine Magen- und Zwölffingerdarmspiegelung. Erfunden wurde das Verfahren von Wissenschaftlern in Japan, wo überdurchschnittlich viele Menschen an Magenkrebs erkranken. Zur Betrach-

tung der Schleimhaut wird ein biegsames faseroptisches Teleskop in den Magen eingeführt, mit dessen Hilfe kleine Proben von verdächtig erscheinendem Gewebe für eine Mikroskopuntersuchung entnommen werden können. Sie brauchen zur Vorbereitung auf diese Untersuchung jedoch keine Schwertschluckerausbildung zu machen. Ihr Hals wird lokal betäubt, und Sie erhalten ein so starkes Beruhigungsmittel, daß Sie den Glasfaserstab vermutlich für Spargel halten.

Therapie

Die meisten Magengeschwüre heilen von selbst. Es empfiehlt sich, das Rauchen aufzugeben, mehrere kleine Mahlzeiten statt einer großen einzunehmen und jene Nahrungsmittel zu vermeiden, die die Beschwerden verschlimmern. Vermeiden Sie alles, was ASS (Aspirin®) enthält – einige der beliebten Mittel gegen morgendliche Magenverstimmung enthalten diesen Stoff. Schauen Sie sich also erst die Packung an, und schlucken Sie im Zweifelsfall statt der Pillen lieber den Beipackzettel.

Zur chirurgischen Therapie gehörte die operative Entfernung der Nerven, die die Produktion der Magensäure anregen, und/oder das Herausschneiden des Magenbereichs, in dem die Säure gebildet wird. Glücklicherweise werden solche radikalen Eingriffe heute nur noch selten durchgeführt, da es leistungsfähige Medikamente gibt, die die Magensäureproduktion vermindern, wie etwa der

Wirkstoff Ranitidin. Schon immer beliebt waren die Antazida, die die überschüssige Magensäure neutralisieren. Sie enthalten meist Kalk, Natrium-Bicarbonat oder Magnesium- und Aluminiumverbindungen. Leider reagiert der Magen auf die regelmäßige Einnahme dieser Mittel mit einer vermehrten Magensäureproduktion, so daß Sie bald immer mehr Antazida brauchen. Der Hersteller freut sich bestimmt darüber, Sie selber wohl weniger. Herzkranke sollten Antazida nur in kleinen Mengen zu sich nehmen. Auch die Wirkung anderer Medikamente wie etwa Antibiotika kann durch Antazida beeinträchtigt werden. Konsultieren Sie Ihren Arzt, wenn die säurebindenden Arzneien Ihre Beschwerden nicht lindern.

Das bakterielle Magengeschwür

Etwa 2 kg Bakterien sind in Ihrem Verdauungstrakt zu Hause, und eine Art, *Helicobacter pylori,* kann Magengeschwüre und vielleicht sogar Magenkrebs verursachen. Behandelt wird eine solche Infektion mit Antibiotika und einem Medikament, das den Weitertransport des Nahrungsbreis vom Magen in den Darm beschleunigt. Auch Streß kann zu Magengeschwüren führen. Hier helfen oft einfache Entspannungstechniken.

Im tiefsten Innern

Stellen Sie sich vor, Sie sind alleine im Fahrstuhl, und der Linseneintopf vom Vorabend verursacht eine kleine Explosion im vierten Stock. Sie sind hochgradig erleichtert, als der Lift die gewünschte Etage erreicht, ohne unterwegs zu halten, doch als sich die Tür öffnet, wartet da bereits Ihre Vorzimmerdame auf den Aufzug. Beim nächsten Kostümfest der Firma sind Sie dann vermutlich der einzige, der keine Gasmaske trägt.

Zu den Symptomen des Reizkolons (Kolon = Dickdarm) gehören neben übermäßigen Blähungen Verstopfung im Wechsel mit Durchfall und kolikartige Bauchschmerzen.

Zehn Dinge, die Sie über das Reizkolon wissen sollten

1. Männer sind dreimal so häufig betroffen wie Frauen.
2. Die Krankheit verläuft nur selten tödlich. Sie glauben bloß, Sie lägen im Sterben.
3. Die Beschwerden können in jedem Lebensalter ausbrechen, doch sind Männer zwischen 15 und 40 besonders häufig betroffen.
4. Streß und Lebensweise sind an der Entstehung beteiligt.
5. Die eigentliche Ursache ist unbekannt.
6. Reizkolondurchfall ist in den ersten Stunden nach

dem Aufstehen oft besonders schlimm.

7 Der Abgang von Blähungen oder Stuhl lindert häufig die Beschwerden.

8 Lassen Sie sich ärztlich untersuchen, denn gefährlichere Erkrankungen wie Krebs haben oft die gleichen Symptome.

9 Die Diagnose kann nur durch Ausschluß anderer Krankheiten gestellt werden. Eine direkte Diagnose ist nicht möglich.

10 Man hat bisher keine Therapie entdeckt. Die Symptome lassen sich lediglich mindern.

Zwanzig Wege zur Verhütung und Linderung von Reizkolonbeschwerden

1 Ernähren Sie sich ballaststoffreich mit Vollkornbrot und Vollwertreis und -nudeln. Auch wenn dadurch die Beschwerden bei etwa 25 Prozent der Betroffenen anfänglich schlimmer werden, lohnt es sich doch, einige Wochen durchzuhalten.

2 Wenn Sie viel frisches Obst essen, kann das Ihre Beschwerden deutlich lindern, und das sogar auf Dauer. Kaufen Sie einen Entsafter, wenn Sie kein Obst mögen. Sie können ihn für Karotten, Pflaumen und sogar Bananen verwenden. Meiden Sie jedoch Obst aus Konserven und anderen Fertigerzeugnissen, da diese oft mit Sorbitol gesüßt sind, einem Stoff, der bei übermäßigem Verzehr abführend wirkt, von den Blähungen, die er verursacht, ganz zu schweigen.

3 Milchprodukte als Ursache des Reizkolons werden gern übersehen, obwohl viele Menschen Milchzucker, den Hauptbestandteil von Milch, nicht vertragen und mit übelriechenden Stühlen und Durchfällen darauf reagieren. Verzichten Sie einige Wochen auf Käse, Milch, Schokolade, Butter und Sahne, um herauszufinden, ob dies die Beschwerden lindert.
4 Nach Rind und anderem roten Fleisch spielt ein leicht reizbarer Darm gern verrückt. Versuchen Sie es einige Wochen mit Fisch und Geflügel, oder streichen Sie Fleisch ganz von Ihrem Speiseplan.
5 Würzen Sie Ihr Essen mit den Kräutern, die Reizkolonbeschwerden lindern – Anis, Kamille, Nelkenöl, schwarzem Pfeffer, Petersilie und Pfefferminz –, oder nehmen Sie sie als Kräutertee zu sich. Ein Tee ist am späten Abend besonders wirksam, da Reizkolonbeschwerden morgens oft besonders schlimm sind.
6 Streß kann eine Hauptursache sein, obwohl es stark von der Art der Beanspruchung abhängt. Als ›sinnvoller‹ Streß gelten Aktivitäten wie z. B. Sport, während ›sinnloser‹ Streß meist aus Problemen entsteht, die kurzfristig nicht zu lösen sind. Es kann die Beschwerden jedoch schon lindern, wenn Sie sinnlosen Streß als das erkennen, was er ist. Der Darm hat nämlich Rezeptoren für sogenannte Streßhormone wie Adrenalin, die zu Muskelkrämpfen führen. Hier sind Entspannungstechniken eine gute Hilfe, sofern Sie bereit sind, es damit zu versuchen.
7 Durch Sex werden im Gehirn Endorphine freigesetzt, die nicht nur die Folgen von Streß ausgleichen, sondern auch von aufgestauten Gefühlen und Enttäuschungen entlasten, durch die sich Reizkolonbe-

schwerden bekanntlich verschlimmern. Sie werden also künftig wirklich unschlagbare Argumente besitzen, sowohl ihrer Partnerin gegenüber als auch auf Partys. Einige am Reizkolon leidende Männer werden jedoch entdecken, daß ihre Ejakulation durch heftige Bauchkrämpfe eingeleitet wird.

8 Körperliche Bewegung ist von unschätzbarem Wert, da sie die Darmaktivität anregt und dadurch Blähungen und Krämpfe lindert. Jede Art der Bewegung hilft, doch ist Schwimmen besonders wirksam. Achten Sie beim Sport darauf, immer genügend Flüssigkeit zu sich zu nehmen, da Dehydration (Entwässerung) die Darmtätigkeit verlangsamt und Krämpfe auslöst. Ausgedehnte Turnübungen nach dem Essen sind nicht zu empfehlen, da das Blut bei körperlichem Streß vom Darm abgezogen wird, was nicht nur bei Reizkolonleidenden zu heftigen Bauchkrämpfen führen kann.

9 Nikotin regt die Darmrezeptoren an, was Reizkolonbeschwerden verschlimmert. Geben Sie das Rauchen auf, und meiden Sie nikotingeschwängerte Räume. Bei den meisten Reizkolonkranken verbessern sich die Beschwerden schon drei Wochen nachdem sie das Rauchen eingestellt haben. Mit Hilfe von Nikotinpflastern und -kaugummis läßt sich der Nikotinkonsum allmählich verringern.

10 Gesättigte Fettsäuren schädigen nicht nur die Arterien, sondern verschlimmern auch Reizkolonbeschwerden. Ersetzen Sie Butter durch Olivenölerzeugnisse und Sahne durch fettarmen Frischkäse.

11 Zucker in jeder Form begünstigt Durchfall. Fruchtzucker ist zwar leichter verdaulich, kann jedoch trotzdem Probleme verursachen. Diabetikerlebensmittel,

vor allem Süßigkeiten und Schokolade, enthalten oft große Mengen Süßstoff, der vom Darm nur schwer aufgenommen wird und bei übermäßigem Verzehr starke Durchfälle auslöst. Konsultieren Sie Ihren Arzt, wenn Sie Diabetiker sind und am Reizkolon leiden. Häufig lassen sich spezielle »Diabetiker-Nahrungsmittel« durch ganz herkömmliche Erzeugnisse ersetzen, die meist auch wesentlich preiswerter sind.

12 Die in Ihrem Darm lebenden Bakterien sind zur Nahrungsaufnahme und -verdauung unerläßlich. Sauermilchprodukte wie Joghurt begünstigen die Ansiedlung von Lactobacillus acidophilus, der dadurch weniger freundliche Mitbewohner ersetzt. Bei manchen Reizkolonleidenden führt dies zu einer schnellen und dramatischen Besserung.

13 Angebranntes Essen kann besonders heftige Reizkolonbeschwerden auslösen. Meiden Sie Gebratenes! Backen, dünsten oder schmoren Sie Ihr Essen lieber. Grillen ist in Ordnung, solange die Speisen nicht in Öl schwimmen; essen Sie bei öltriefenden Grillpartys besser die Holzkohle. (Achtung: Geben Sie auf die Kohlen keinen Brennstoff mehr, wenn Sie schon zu essen begonnen haben, denn dies kann sehr gefährlich sein und Ihren Darm zu so heftiger Aktivität anregen, daß jede Concorde stolz darauf wäre).

14 Kleine Mengen Alkohol fördern sogar eine sanfte Darmfunktion. Es läßt sich nicht mehr bestreiten, daß maßvoller Genuß von Alkohol, vor allem Rotwein, Herzerkrankungen verhütet. Bei einigen Reizkolonkranken verstärkt Alkohol jedoch die Beschwerden.

15 Aphrodisiaka (sexualtriebsteigernde Mittel) wie die Spanische Fliege sind berüchtigt dafür, daß sie Darm-

krämpfe auslösen und Reizkolons verschlimmern. Sie wirken, indem sie die Schleimhäute reizen – und leider auch die Darmschleimhaut. Die Spanische Fliege hat zudem noch eine besonders unangenehme Nebenwirkung, die meist Tod oder Exitus genannt wird.

16 Sauberes klares Wasser ist oft schwer zu finden, doch empfiehlt die Weltgesundheitsorganisation (WHO), täglich mehrere Liter davon zu trinken. Dies ist vernünftig, vor allem bei Männern mit einem Reizkolon. Viele Fruchtsaftkonzentrate z. B. enthalten Zusätze, die Reizkolonbeschwerden verschlimmern. Je mehr Wasser der Körper erhält, desto besser kommt er auch mit den Giften zurecht, die wir tagtäglich aufnehmen. Aufgabe des Dickdarms ist es, dem Kot das Wasser wieder zu entziehen, was ihm um so wirksamer und schonender gelingt, je mehr Wasser zur Verfügung steht.

17 In vielen Kulturen gilt die Darmspülung als die endgültige Antwort auf Reizkolonbeschwerden, die man gern für ein Problem der westlichen Welt hält. Führen Sie einen feinen Schlauch in Rektum und Dickdarm ein, und spülen Sie mit einem sanften Strahl keimfreien Wassers Kotreste fort. Einige fühlen sich dabei vielleicht, als würde man ihnen die Mandeln vom falschen Ende her entfernen, doch wird dieses Verfahren von seinen Befürwortern als belebend und erfrischend empfunden. Die Behauptung, auch ein Reizkolon bessere

sich dadurch, ist nicht ganz unbegründet, denn ein zu langsamer Transport des Nahrungsbreis durch den Darm gilt als eine der Ursachen. Dennoch sollen Sie einen Fachmann zu Rate ziehen.

18 Tee enthält ebensoviel Koffein wie Kaffee. Beide Getränke regen die Darmtätigkeit an, was beim empfindlichen Mann zu Durchfall führt. Kaffee enthält außerdem eine noch unbekannte Substanz, die Darmkrämpfe auslösen kann. Reduzieren Sie die Menge an Tee und Kaffee, die Sie täglich zu sich nehmen.

19 Wenn nichts anderes hilft, verschaffen Medikamente Linderung, wenn auch nur vorübergehend. Kodein löst die Krämpfe, kann jedoch zu Verstopfung führen. Viele der vom Arzt gegen Reizkolon verschriebenen Arzneien enthalten als Hauptbestandteil Pfefferminzöl. Abführmittel und Medikamente gegen Durchfall helfen, sollten jedoch nicht über längere Zeit eingenommen werden. Konsultieren Sie Ihren Arzt, wenn Sie sie ständig brauchen.

20 Auch eine Wärmflasche oder sonst etwas Wärmendes, das auf Ihrem Bauch Platz findet, kann Reizkolonschmerzen und -beschwerden lindern.

Wenn die Winde wehen

Borborygmus nennt die Fachsprache die durch die Darmperistaltik ausgelösten kollernden, gurgelnden Bauchgeräusche, die beim Reizkolon oft mit kolikartigen Schmerzen und Blähungen verbunden sind. Sensoren im Analschließmuskel können bis zu einem gewissen Grad feststellen, ob Druck durch Stuhl oder Blähungen verursacht wird, doch arbeiten sie bei Durchfall nicht mehr ganz so zuverlässig – mit oft überraschenden Resultaten. Darmgase enthalten Schwefelwasserstoff, der durch den Abbau von Proteinsulfidverbindungen bei der Verdauung entsteht. Im Eiweiß von Eiern und Bohnen finden sich solche Sulfidverbindungen in großer Zahl. Schwefelwasserstoff ist übelriechend, giftig, schwerer als Luft und brennbar. Beim Sprechen wird zudem Luft in kleinen Mengen geschluckt und dann vom Darm entweder absorbiert oder als Wind ausgeschieden, was leider auch gern beim Sprechen geschieht. Luft wird auch dann verschluckt und durch Muskelkrämpfe wieder hinausbefördert, wenn man beim Essen unter Streß steht. Wenn Sie versuchen, das Essen in sich hinein zu zwingen, machen Sie alles nur noch schlimmer. Gönnen Sie lieber sich und Ihren blankliegenden Nerven eine Ruhepause. Ein Ausflug aufs WC löst häufig das Problem, wer die Rechnung zahlt.

An Blähungen kann man gelegentlich auch sterben, wie jener Patient, dessen Darmgase versehentlich vom Chirurgen entzündet wurden, als er auf dem Operationstisch lag. Heutige Chirurgen sind beim Einsatz von Elektroden behutsamer.

Die Wirksamkeit blähunglösender Arzneien ist umstritten. Dies gilt vor allem für Dimeticon (Dimethylpolysilocan), Hauptbestandteil der meisten Blähungsmedikamente. Ein Weinflaschenkorken schützt zuverlässiger, verfälscht jedoch bei Wiederverwendung unweigerlich den Geschmack des Weines. Manche Heilkräuter vermindern Muskelkrämpfe im Darm und verhindern so die Entstehung von Blähungen (siehe Seite 56, Punkt 5).

Heimliche Beschwerden, unheimliche Untersuchungen

Ein Patient kam zu mir in die Praxis, ohne der Sprechstundenhilfe sein Problem mitgeteilt zu haben. Wie sich herausstellte, blutete er auf der Toilette aus dem After. Er hatte auch bemerkt, daß seine Stühle häufig dünnflüssig und von sehr dunkler Farbe waren. Einer seiner Brüder war mit 60 Jahren an Darmkrebs gestorben. Als er nun mein Sprechzimmer betrat, sagte er gleich als erstes: »Daß Sie mir aber ja nicht den Po untersuchen!« Ich war ob der Aussage verständlicherweise ein wenig verwirrt, denn laut den Unterlagen war er wegen eines wunden Ohres gekommen.

Einer der Hauptgründe, warum Männer bei Darmproblemen den Arzt nicht aufsuchen, ist die Angst vor einer Rektaluntersuchung. Manche Männer geben nicht einmal zu, daß sie Probleme mit dem Darm haben, und wenden sich an den Arzt mit Husten oder Kopfschmerzen. Der wahre Grund kommt dann nur durch behutsames Nachfragen ans Tageslicht. So ist diese simple Untersuchung, die nur wenige Minuten in Anspruch nimmt und von praktischen Ärzten und Internisten fast täglich durchgeführt wird, Anlaß für ein übersteigertes Maß an Beschämung, das tödlich sein kann.

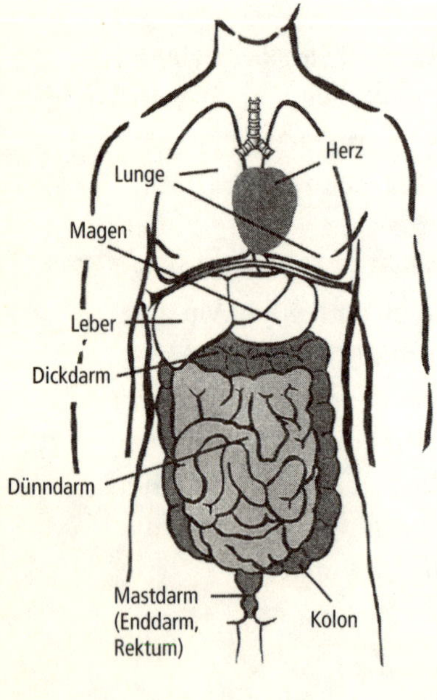

Rektaluntersuchung?
Hat ihn schier umgebracht!

Der Mastdarm, auch Rektum oder Enddarm genannt, ist der letzte Teil des Dickdarms. Seine Aufgabe ist es, das vom Magen in den Darm fließende Wasser wieder aufzunehmen. Durch Giftstoffe, die sich zu lange in ihm aufhalten, kann er geschädigt werden. Halten Sie die Dinge also am besten im Fluß. Die meisten Mastdarmtumoren bilden sich in Reichweite eines behandschuhten Fingers, so daß sich ein Krebsgeschwür einfach und frühzeitig erkennen läßt, vorausgesetzt, Sie suchen sofort den Arzt auf, wenn Sie etwas Ungewöhnliches bemerken.

Symptome

Achten Sie auf dauerhafte Veränderungen in den Gewohnheiten Ihres Darms.

- Durchfall- oder Verstopfungsbeschwerden, die mehr als zwei Wochen anhalten.
- Blut oder sehr viel Schleim im Stuhl.
- Anhaltende Stuhldranggefühle auch nach dem Toilettengang.

Symptome dieser Art müssen vom Arzt untersucht werden. Auch Gewichtsverlust ist typisch für Darmkrebs, tritt jedoch meist erst im Endstadium der Krankheit auf.

Risikofaktoren

Dickdarmkrebs ist bei Männern die dritthäufigste Form von Krebs. Was genau Darmkrebs verursacht, ist noch nicht geklärt. Wir wissen jedoch, daß das Erkrankungsrisiko davon abhängt, wo Sie wohnen, was Sie sind und was Sie essen. In Japan, wo Fisch die Hauptnahrung darstellt, tritt Darmkrebs relativ selten auf. Man nimmt an, daß Nahrungsreste im Verdauungstrakt einen ›trägen Darm‹ auslösen, der sich dann nie mehr richtig entleert – eine Darmspülung kann Kotrückstände herauswaschen. Weitere Faktoren, die das Darmkrebsrisiko erhöhen, sind eine *Colitis-ulcerosa*-Erkrankung (eine chronische Dickdarmentzündung), Krebsfälle bei nahen Verwandten und eine recht seltene Erbkrankheit namens Dickdarmpolyposе, bei der sich auf der inneren Darmwand zahlreiche warzenartige Wucherungen (Polypen) bilden.

Viele Ballaststoffe, wenig Risiko

Obst und rohes oder leicht gekochtes Gemüse mindern die Gefahr, an Darmkrebs zu erkranken, so daß die Welt-

gesundheitsorganisation den täglichen Verzehr von etwa einem Pfund Obst empfiehlt.

Therapie

Je früher die Diagnose gestellt wird, desto größer ist die Chance einer Heilung. Bei der Untersuchung erhalten Sie möglicherweise einen Bariumeinlauf, während man gleichzeitig behutsam Luft in Ihren Darm pumpt. Der Arzt kann nun mit Hilfe eines biegsamen Teleskops in den Darm hineinschauen und Gewebsproben entnehmen. Kleine Wucherungen (Polypen) werden dabei häufig gleich entfernt, so daß weitere Eingriffe nicht nötig sind. Neben chirurgischen Maßnahmen wird bei der Behandlung auch bestrahlt. Größere Tumoren erfordern in jedem Fall einen Chirurgen, da der betroffene Darmabschnitt entfernt werden muß. Manchmal wird der Dickdarm für einige Monate durch einen künstlichen Ausgang auf der Bauchdecke ausgeleitet, damit der restliche Darm sich erholen kann. Später werden die beiden Darmenden wieder miteinander verbunden und arbeiten dann normal weiter. Kolostomie nennt man das Anlegen eines künstlichen Darmausgangs, der auf Dauer angelegt wird, wenn der herausoperierte Darmabschnitt groß ist oder die beiden Darmenden nicht mehr miteinander verbunden werden

können. Drei Jahre nach einer Dickdarmoperation ist jeder zweite Betroffene noch am Leben. Nach zehn Jahren sind es noch immer mehr als 40 Prozent. Je früher also die Diagnose gestellt wird, desto größer sind die Aussichten, daß die Betroffenen wieder ein normales Leben führen können.

Bitte husten – Sie haben einen Leistenbruch

Seit Generationen fragen sich Männer, warum der Arzt sie auffordert, zu husten, wenn er ihren Hodensack hält. Was mir dabei zuerst in den Sinn kommt, ist die Frage: »Warum sind die Hände von Ärzten nur so kalt?« Andere Männer überlegen statt dessen vielleicht: »Warum lächelt mich der Arzt dauert an?« Die meisten Männer jedoch versuchen verzweifelt, jedem Blickkontakt aus dem Weg zu gehen, und beten insgeheim, ihr bestes Stück möge diesmal nicht so reagieren, wie es das sonst von Natur aus tut, wenn eine andere Person es in die Hand nimmt. Gedanken an Autorennen, das Finanzamt oder die letzte Urlaubsreise, all das sind Manöver, die von dem ablenken sollen, was gerade geschieht.

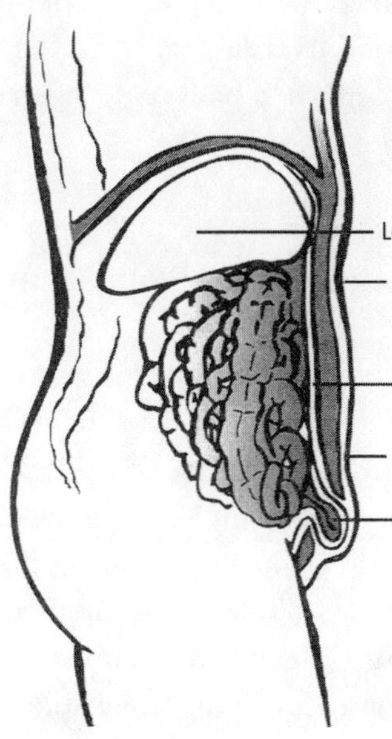

Nicht zum Lachen

Der simple Test, der meist im Stehen durchgeführt wird, hilft mit, einen Leistenbruch *(Hernia inguinalis)* zu diagnostizieren. Eine Darmschlinge oder ein Fettgewebe stülpt sich durch eine schwache Stelle der Bauchmuskeln. Hat der Darm auf diesem Weg den Hodensack erreicht, kann der Arzt dort den Impuls des Hustens ertasten, wenn sich die Bauchmuskeln dabei zusammenziehen. Manchmal erscheint ein Leistenbruch als kleine Schwellung in der Leistengegend, die beim Liegen oder Baden möglicherweise wieder verschwindet. Nur wenn der Darm eingeklemmt und abgeschnürt wird, muß operiert werden, dann jedoch so schnell wie möglich – es ist noch keine fünfzig Jahre her, daß Leistenbruch eine alltägliche Todesursache war. Ist erst einmal die Durchblutung des eingeklemmten Darms blockiert, kommt es sehr schnell zu Wundbrand (Gangrän). Die Darmwand bricht dann unweigerlich durch und löst eine ausgedehnte Bauchfellentzündung aus. Zwar sterben heutzutage nur noch wenige Menschen an solchen Komplikationen, doch sollten Sie trotzdem sofort Ihren Arzt aufsuchen, wenn der Leistenbruch heiß und rot wird oder schmerzt, da er abgeklemmt sein kann.

Ursachen und Symptome

Die Bauchdecke besteht aus sich überlappenden Muskelschichten, die ebenso flexibel sind wie kräftig; das Ganze erinnert ein wenig an dreischichtiges Sperrholz. Die Hoden, die sich im Körperinneren entwickeln, müssen kurz vor der Geburt durch eine schmale Lücke in den Muskeln in den Hodensack schlüpfen. Dadurch entsteht in der Leiste leider eine schwache Stelle, in die sich dann Darm- oder Fettgewebe stülpen kann. In Großbritannien ist jeder fünfte chirurgische Eingriff eine Leistenbruchoperation.

Übermäßiger Druck auf der Toilette, falsches Hochheben schwerer Gegenstände und sogar heftiges Niesen können einen Leistenbruch verursachen. Wer wenig Sport treibt oder gerade operiert wurde, ist besonders anfällig.

Erstaunlicherweise ist vielen Männern gar nicht bewußt, daß sie einen Leistenbruch haben. So mancher Betroffene lebt in glücklicher Ahnungslosigkeit, während sein halber Darm schon an den Hoden sitzt, ohne dabei Schaden anzurichten. Anderen wiederum wird sehr heftig bewußt, daß etwas nicht stimmt.

Als einer meiner Patienten beim Reifenwechsel den Ersatzreifen hochhob, spürte er einen Schmerz, als würde seine Leiste zerrissen. Daß der Ersatzreifen ebenfalls platt war, lenkte ihn dann glücklicherweise etwas ab. Allgemein kann man sagen, daß ein Leistenbruch um so seltener abgeklemmt wird, je größer er ist.

Sportlerleiste (weiche Leiste)

Leistenbrüche bei Sportlern werden gern übersehen, und viele Patienten werden wegen einer vermeintlichen Muskelverletzung ohne Erfolg krankengymnastisch behandelt. Leistenbrüche treten besonders häufig bei Sportarten auf, wo die Spieler auf etwas losrennen, abrupt anhalten und sich drehen, wie etwa beim Fußball. Die meisten Männer, die an einer solchen Sportlerleiste (auch »weiche Leiste« genannt) leiden, klagen über tiefsitzende innere Schmerzen, die häufig durch Husten, Niesen oder das Treten nach einem Ball ausgelöst werden und sich bei körperlicher Betätigung meist verschlimmern.

Therapie

Ein Bruchband ist im wesentlichen ein Gürtel mit strategisch plazierten ballenförmigen Polstern, die Ihren Darm daran hindern sollen, das Hosenbein hinabzurutschen. In Großbritannien werden jedes Jahr mehr als 4000 solcher Bruchbänder verkauft. Auch wenn sie wie ein Keuschheitsgürtel aussehen, sind sie bequem und sicher. Manche Ärzte befürchten jedoch, falsch angelegte Bruchbänder seien oft überhaupt erst die Ursache für einen abgeklemmten Leistenbruch. Achten Sie also darauf, das Modell zu kaufen, daß zu Ihrer Art des Leistenbruchs paßt.

Die beste Lösung ist eine Operation. Sie dauert kaum eine halbe Stunde und erfordert einen Krankenhausaufenthalt von nur wenigen Tagen. Ein Eingriff unter Vollnarkose reduziert sogar noch die Dauer des Aufenthalts, wird vom Patienten jedoch nicht immer akzeptiert. Bei der Operation wird der Bauch erst mit einem Gas aufgepumpt und der Schaden dann mit Hilfe eines faseroptischen Teleskops repariert. Durch eine ganz neue Technik, bei der der Leistenbruch nicht mehr genäht, sondern mit einer Gittermatte geschlossen wird, konnte der Krankenhausaufenthalt sogar auf fünf Stunden reduziert werden. Vertreter dieser Methode behaupten, der Patient könne schon am nächsten Tag wieder arbeiten und brauche noch nicht einmal Schmerzmittel.

Seien Sie nach einer Leistenbruchoperation sehr vorsichtig! Zur Verhinderung eines Rückfalls sollten Sie sanfte Übungen zur Stärkung der Muskelwand durchführen. Trampolinspringen am Tag nach der Operation empfiehlt sich nicht, selbst wenn Sie Ihrer Umwelt noch so gerne beweisen würden, daß Sie so leicht nicht kleinzukriegen sind.

Vorbeugen ist besser als Operieren

Bauchdeckengymnastik erhält den Muskeltonus und hilft bei der Verhütung von Leistenbrüchen. Wenn Sie diese Übungen nach Jahren des Bewegungsmangels beginnen, sollten Sie feste Stützwäsche verwenden wie z. B. starke Lycra-Shorts. Allerdings treibt solche Gymnastik u. U. den Druck im Bauch hoch. Tragen Sie darum schützende Stützwäsche. Berufe, bei denen viel hochzuheben ist, erfordern spezielles Training. So sind z. B. Krankenschwestern anfällig für Rückenschmerzen und Leistenbrüche. Auch Popstars, die den ganzen Tag ihre schwere Brieftasche mit sich herumtragen, sind eine Risikogruppe.

Denken Sie daran, daß niemand gegen Leistenbrüche gefeit ist. Einige der großen Staatsmänner der Geschichte erkrankten daran. Der Fußballspieler Gascoigne hatte sogar zwei.

Wußten Sie schon?

- 9 von 10 Leistenbrüchen befallen Männer.
- Der Muskel, der den Hoden in den Hodensack hinabzieht, heißt Gubernaculum. Merken Sie sich diesen entzückenden Namen, damit Sie das nächste Mal,

wenn Sie ausgeraubt werden, dem Übeltäter mit einem Tritt dorthin drohen können. Dies macht Eindruck!

Greifen Sie sich einmal selbst!

- Kleine Leistenbrüche sind im Stehen besser zu ertasten.
- Legen Sie zwei oder drei Finger sanft in die Mitte der Leistenbeuge über dem Schenkel.
- Husten Sie einmal kräftig.
- Eine Loch in der Muskelwand werden Sie in den Fingerspitzen als deutliches Klopfen spüren. Vielleicht bildet sich an der Stelle sogar für einen kurzen Moment eine kleine Schwellung.
- Hat sich dort ganz offensichtlich eine Darmschlinge hervorgestülpt, dann schieben Sie sie sanft zurück. Sie können sich dazu auch auf dem Rücken in eine Wanne mit warmem Wasser legen.
- Lassen Sie sich einen Termin bei Ihrem Arzt geben.

Arzneimittel können Ihre Gesundheit gefährden

Für jeden, der nicht selbst Arzt oder Apotheker ist, sind die meisten Rezepte, die ihm verschrieben werden, etwa so verständlich wie die Schriftrollen vom Toten Meer, und die Chancen stehen gut, daß sogar die Sprache dieselbe ist. Wir alle wissen, daß wir unsere Gesundheit ernst nehmen sollten, doch wenn es um Medizin geht, sind sogar die Grundlagen oft böhmische – oder lateinische – Dörfer für uns. Besonders schlimm kann es Sportlern, Piloten und Zugführern ergehen, wenn sie nämlich durch Blutentnahmen auf Substanzen getestet werden, die jeder praktische Arzt tagtäglich verschreibt.

Moderne Arzneien sind ausgesprochen wirksam und leistungsfähig, tun meist jedoch leider noch mehr, als nur zu behandeln und zu heilen. Werden sie falsch eingenommen oder mit anderen Medikamenten kombiniert, können die Folgen verheerend sein. Beipackzettel, die über »Risiken und Nebenwirkungen« informieren sollen, bieten statt verständlichen Erklärungen häufig nur eine Gebrauchsanleitung. Hausärzte wiederum finden wegen Arbeitsüberlastung oft nicht die Zeit, dem Patienten zu erklären, wie mit dem auf der Verschreibung genannten Präparat zu verfahren ist, selbst wenn das jewei-

lige Mittel bei falscher Einnahme die Gesundheit des Betroffenen ernsthaft schädigen kann.

Arzneimittel ohne Nebenwirkungen gibt es nicht, so daß man also die gewünschten gegen die unerwünschten Wirkungen aufrechnen muß. Vor allem bei Präparaten, die noch nicht lange auf dem Markt sind, werden fast täglich neue Nebenwirkungen entdeckt, die von den Ärzten in Deutschland z. B. an das Bundesinstitut für Arzneimittel und Medizinprodukte (das frühere Bundesgesundheitsamt) gemeldet werden müssen. Erhält diese Behörde genügend gleichartige Meldungen über ein Medikament, wird die Ärzteschaft informiert und u. U. sogar die Zulassung der jeweiligen Arznei zurückgezogen.

Natürlich möchten Pharmaunternehmen ihre Waren verkaufen. Ärzte erhalten darum regelmäßig Besuch von Firmenvertretern (sog. Pharmareferenten), die sie von den Vorzügen ihres jeweiligen Arzneisortiments überzeugen wollen. Die Tage kostenloser Karibikreisen sind zum Glück vorüber, doch kann man auch auf anderem Weg Vergünstigungen anbieten oder Druck ausüben. In den EU-Ländern darf für Medikamente heute nur noch durch ausgewogene Aufklärung geworben werden; der Hinweis auf »Risiken und Nebenwirkungen« ist unerläßlich.

Für jedes Übel eine Pille?

Jedes Jahr konsumieren wir tonnenweise Arzneimittel, darunter viele, die wir eigentlich gar nicht brauchen, und manche, die uns eher schaden als nützen. Sprechen Sie doch einmal mit Ihrem Arzt über die Medikamente, die Sie einnehmen! Krankheiten wie Husten, Schnupfen oder

die gewöhnliche Erkältung erfordern meist keine Behandlung, da sie bei gesunden Menschen von selbst ausheilen. Es gibt keinerlei Hinweise darauf, daß solche Beschwerden durch starke Medikamente wie etwa Antibiotika schneller abklingen. Ärzte werden von der Pharmaindustrie und Behörden wie dem Bundesinstitut für Arzneimittel in Berlin regelmäßig auf dem laufenden gehalten und verschreiben darum meist Arzneien, die seit langem bekannt und erprobt sind. Probleme bereiten hingegen oft jene Medikamente, die so neu auf dem Markt sind, daß man ihre Nebenwirkungen noch nicht lange genug beobachten konnte. Es kann also u. U. sogar Ihr Leben retten, wenn Sie wissen, was Sie einnehmen und wie Sie sich gegen unerwünschte Nebenwirkungen schützen.

Trotz aller berechtigten Angst vor Arzneimitteln hat die moderne Medizin unser Leben zutiefst verändert. Zur Zeit der industriellen Revolution waren Infektionskrankheiten die häufigste Todesursache bei Kindern. Heutzutage, wo wirksame Impfungen und Antibiotika zur Verfügung stehen und sich Wohnverhältnisse und Ernährungsgewohnheiten grundlegend gewandelt haben, stirbt kaum noch jemand an Krankheiten wie der Tuberkulose. Schmerzmittel sind für uns heute selbstverständlich, doch ist es noch nicht allzu lange her, daß man Schmerzen nur mit Laudanum lindern konnte, einer zweifelhaften Mischung aus Heroin und Gin.

Richtige Arznei, falsche Wirkung

Es kann unschuldigen Hustentropfen zu verdanken sein, ob Sie bei der Olympiade eine Medaille gewinnen oder statt dessen für eine Illustrierte Ihre Memoiren verfassen. Auch im letzteren Fall erhalten Sie Gold, jedoch kaum in einer Form, die Sie sich um den Hals hängen können. Lesen Sie Beipackzettel immer sehr sorgfältig, denn bestimmte Medikamente erhöhen die Leistungsfähigkeit und sind darum vom Internationalen Olympischen Komitee verboten, darunter auch ganz alltägliche Arzneien. Das Lenken eines Wagens unter dem Einfluß mancher Medikamente kann Ihre Versicherungspolice entwerten, denn viele Präparate beeinträchtigen »die Fähigkeit zur aktiven Teilnahme am Straßenverkehr«, wie es die Beipackzettel vermerken. Benommenheit verursachen z. B. die meisten Mittel gegen Allergien (Antihistaminika).

Viele Asthma- und Heuschnupfenmedikamente erhöhen die Leistungsfähigkeit, da sie Ephedrin (Heuschnupfen) oder Isoprenalin (Asthma) enthalten, Wirkstoffe, die das Internationale Olympische Komitee auf die schwarze Liste gesetzt hat. Meiden Sie, wenn möglich, Beruhigungsmittel wie Benzodiazepine (z. B. Valium®) oder Promethazin (z. B. Atosil®). Auch codeinhaltige Schmerzmittel führen zu Benommenheit, vor allem in Verbindung mit Alkohol. Nehmen Sie niemals Medikamente von anderen, und stehen Sie jetzt bitte auf, und entrümpeln Sie Ihren Arzneischrank; die jeweiligen Verfallsdaten finden Sie auf den Packungen.

Warnhinweis: Dieses Arzneimittel kann Ihre Gesundheit schädigen

Auf vielen Beipackzetteln sind ›Warnhinweise‹, ›Vorsichtsmaßnahmen‹ und ›Wechselwirkungen‹ aufgeführt, denn so manche sonst harmlose Arznei kann tödlich wirken, wenn man sie zusammen mit Alkohol einnimmt. Sogar homöopathische und andere frei verkäufliche Medikamente können bei gleichzeitiger Einnahme verschreibungspflichtiger Präparate gefährlich werden. Drogen wie Cannabis, Ecstasy, Aufputschmittel und sogar Poppers können in Kombination mit Psychopharmaka wie z.B. Antidepressiva verheerende Folgen haben. Zu den Warnhinweisen, die immer wieder zu lesen sind, gehören die folgenden:

Benommenheit, Müdigkeit, Schläfrigkeit
Schlaf- und Beruhigungsmittel, manche Antidepressiva, einige Schmerzmittel und bestimmte Antihistaminika (Mittel gegen Allergien) helfen Ihnen, sanft zu entschlummern, wenn Sie sich gerade in die Autobahn eingefädelt haben. Auch beim Bedienen von Maschinen oder beim Lenken einer Boeing sollten Sie solche Medikamente vermeiden, vor allem, wenn ich an Bord bin.

Auf die Einnahme von Alkohol ist während der Behandlung zu verzichten
Einige häufig verwendete Antibiotika, wie Metronidazol (z.B. Clont®), reagieren auf Alkohol sehr unangenehm. Übelkeit ist häufig, doch treten auch Blutschäden, Haut-

ausschläge und psychische Störungen auf. Auch Antidepressiva sowie Beruhigungs- und Schlafmittel vertragen sich nicht mit Alkohol, denn er verstärkt die Wirkung, was bei Schlaftabletten sogar tödlich enden kann. Fragen Sie Ihren Arzt oder Apotheker, wenn Sie irgendwelche Arzneien einnehmen und einen Biertrinkerwettkampf gewinnen wollen.

Nicht zusammen mit Milch, Eisenpräparaten oder Kalzium einnehmen

Kalzium und Eisen binden sich an Antibiotika wie z. B. Tetrazykline, die gern für bronchiale Infekte, Entzündungen der Harnwege und Akne verschrieben werden. Kalzium ist als Kalziumcarbonat in vielen magensäurebindenden Medikamenten enthalten.

Über die Dauer der Anwendung entscheidet der Arzt

Das abrupte Absetzen von Antidepressiva, blutdrucksenkenden Medikamenten oder Steroiden kann zu einem heftigen, unkontrollierbaren Wiederauftreten der Beschwerden und zu verheerenden Blutdruckveränderungen führen. Fragen Sie also immer erst Ihren Arzt, bevor Sie versuchen, eines der genannten Medikamente abzusetzen.

Antibiotika müssen im allgemeinen mindestens 5 Tage lang eingenommen werden. Ein vorzeitiger Behandlungsabbruch kann zur Folge haben, daß die überlebenden Bakterien gegen das betreffende Antibiotikum resistent werden. Auf diesem Weg sind z. B. jene neuen Stämme von Tuberkuloseerregern entstanden, bei denen kein einziges Medikament mehr wirkt.

Es kann eine Lichtüberempfindlichkeit auftreten

Manche Psychopharmaka und auch einige Antibiotika führen zu einer Überempfindlichkeit der Haut gegen ultraviolettes Licht (Photosensibilisierung). Die gesunde Farbe, die Sie dann schon nach zehn Minuten in der Sonne entwickeln, verschwindet leider, wenn die Haut abfällt.

Eine im Verlauf der Behandlung auftretende Verfärbung des Urins ist unbedenklich

Ein solches Medikament ist genau das Richtige, wenn Sie Ihre Umwelt beeindrucken wollen. Nach Einnahme von Phenolphthalein, Bestandteil vieler Abführmittel, verfärbt der Urin sich z. B. rosa. Das Antibiotikum Rifampicin wiederum läßt Ihren Strahl hellrot leuchten. Wenn Sie aber wirklich Aufsehen erregen wollen, sollten Sie Triamteren einnehmen, das praktischerweise auch noch harntreibend wirkt. Unter Neonbeleuchtung wird Ihr Urin dann weithin sichtbar hellblau aufleuchten! Also genau das, was Sie brauchen, wenn Sie auf Partys auch einmal im Mittelpunkt stehen oder die schärfste Braut der ganzen Disco kennenlernen wollen.

Ein Teelöffel Zucker reicht nicht

Medikamente nimmt man nur selten »pur« ein. Die meisten Arzneien sind mit anderen Substanzen gemischt, die ihre Aufnahme durch den Körper beschleunigen oder verzögern (die sog. Retardpräparate), den Geschmack verbessern oder verschlechtern oder den Pillen eine besondere Farbe verleihen. Dies kann die Art und Weise, wie das Medikament einzunehmen ist, entscheidend beeinflussen. Arzneimittel werden auch in verschiedenen Darreichungsformen angeboten, wobei jene Mittel, die man oral einnimmt, also schluckt, in drei Hauptformen vorkommen.

Tabletten

Tabletten sind fest und enthalten meist eine Substanz, die den eigentlichen Wirkstoff trägt oder seine Freisetzung steuert. Häufig sind sie mit einer Schutzschicht überzogen (die sog. Filmtabletten), die verhindert, daß der Wirkstoff aktiviert wird, bevor die Tablette ihren Bestimmungsort im Verdauungstrakt erreicht hat. Andere Tabletten, die sog. Dragées, sind mit Zucker beschichtet. Ein evtl. notwendiges Halbieren oder Vierteln der Tablette, das bei Filmtabletten erst zum Zeitpunkt der Einnahme erfolgen sollte, wird häufig durch eine Rille auf der Oberfläche des Medikaments erleichtert. Zur Identifikation des Präparats wird auch ein Zahlencode oder der Name der Arznei und die Dosierung in die Tablettenoberfläche gestanzt. Manche Tabletten enthalten Erdnußöl.

Fragen Sie Ihren Apotheker nach einer Alternative, wenn Sie dagegen allergisch sind. Einige Pharmaunternehmen produzieren noch immer Pillen, die aussehen wie Fruchtbonbons – ein weiterer Grund, Ihre Arzneien außerhalb der Reichweite kleiner Finger aufzubewahren.

Kapseln

Für Kapseln wird meist Gelatine verwendet. Durch Variation der Stärke des Gelatinemantels erreicht man, daß das Medikament erst an einem ganz bestimmten Punkt des Verdauungstraktes, z. B. im Dünndarm, aktiviert wird, ohne unterwegs schon von den Verdauungssäften des Magens zerstört zu werden. Wenn Sie zur Halbierung der Dosis eine Kapsel aufbrechen, verliert sie jegliche Wirkung. Bei Retardpräparaten besteht die Umhüllung aus mehreren Schichten unterschiedlicher Substanzen, wodurch der Wirkstoff ganz allmählich über einen Tag verteilt freigesetzt wird.

Tropfen, Säfte, Sirupe

Die guten altmodischen Arzneien gibt es in der Flasche. Sie sind in der Regel rot oder grün gefärbt, da die meisten Menschen blauen Säften nicht trauen. Kinder bevorzugen Sirup, obwohl das Mittel dann hauptsächlich auf dem Teppich, auf Ihnen oder auf dem Hund landet, der wahrscheinlich gar keinen Husten hat. Häufig ist Alkohol zugesetzt, und bei den Farbstoffen finden sich viele mit den berüchtigten E-Nummern. Achten Sie auf E 102, E 132 und vor allem E 142 (das krebserregend ist!). Zucker wird heutzutage selten verwendet, besonders bei Arzneien für Kinder. Der Lärm, den Sie jetzt hören, stammt von Mary Poppins, die sich gerade im Grab umdreht.

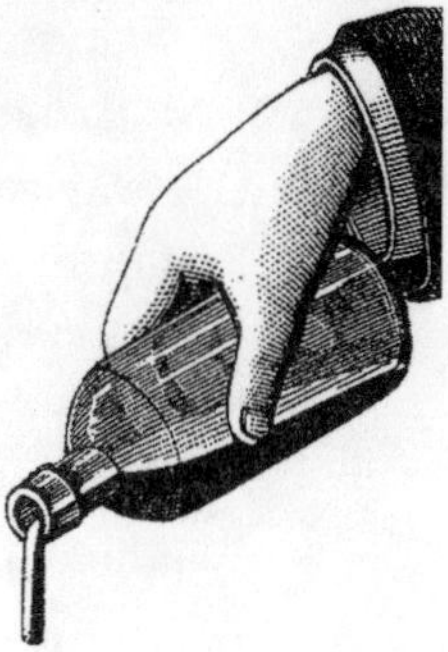

Bitte weit öffnen!

Außer dem Schlucken gibt es noch viele andere Wege, Medikamente einzunehmen. Die Franzosen z. B. ziehen aus irgendeinem Grund den umgekehrten Weg vor und nehmen lieber Zäpfchen. Als Arzt vermeide ich es darum, einem Franzosen zu sagen: »Bitte weit öffnen!«, wenn ich ihm eine Arznei geben will, zumindest im Wartezimmer. Amerikaner wiederum sprühen sich gern etwas in die Nase. Der letzte Schrei sind z. Z. Pflaster, die man sich an verschiedene Teile der eigenen Anatomie klebt.

Nasensprays
Der populärste Weg zur Schleimhautabschwellung. Erfolgreich verlaufene Versuche mit Insulin-Nasensprays lassen darauf hoffen, daß sich viele Diabetiker in Zukunft nicht mehr täglich spritzen müssen. Wenn Sie Schnupfensprays zu häufig und zu lange verwenden, schwillt die Nase nach Absetzen des Sprays u. U. noch stärker zu. Ansonsten macht es jedoch großen Spaß, ein Nasenspray zu benutzen, z. B., wenn Sie gerade mit hohen Gästen dinieren, bei der Suppe oder beim Hauptgang.

Inhalatoren
Asthmakranken wird das allgegenwärtige Inhalationsgerät wohlbekannt sein. Der Gedanke dahinter ist der, daß das Medikament so auf direktem Weg in die vielen weitverzweigten Atemwege der Lunge gelangt und dadurch wesentlich schneller wirksam wird. Auch die zur Linderung der Beschwerden notwendige Wirkstoffmenge läßt sich so erheblich reduzieren. Die Arznei wird in genau dosierten Mengen entweder durch Druck gesprüht, als feiner Staub inhaliert oder mit einer einzigen Inhalation in die Luft gewirbelt. Theoretisch könnte man viele andere Medikamente in dieser Form einnehmen.

Zäpfchen
Die Darmschleimhaut nimmt viele Medikamente, wie etwa das Schmerzmittel Paracetamol, schnell und problemlos auf. Nicht alle Substanzen eignen sich jedoch zum Einführen in den Darm. So kann ASS (Aspirin®) z. B. heftige Reizungen und sogar Blutungen auslösen. Halten Sie sich am besten genau an die Anweisungen des Beipackzettels. Zäpfchen haben meist eine angenehm ovale Form, doch sollte man Bungee-Jumping in der ersten Stunde nach Einführen einer solchen Arznei vermeiden.

Hautpflaster
Da sie eine langsame, gleichmäßige Freisetzung des Wirkstoffs garantieren, sind Pflaster zur Hormonsubstitution, zur Behandlung von Angina und zur Raucherentwöhnung der neueste Hit auf dem Arzneimittelmarkt. So ist inzwischen ein testosteronhaltiges Pflaster erhältlich, mit dem sich ein Mangel an diesem männlichen Sexualhormon ausgleichen läßt. Nach Meinung mancher Ärzte nämlich erschlaffen sehr viel mehr Männer auf Grund von Testosteronmangel, als man bisher glaubte. Da der Körper die Hormone an jeder Stelle aufnehmen kann, können Sie das Pflaster dort anbringen, wo es Ihnen am angenehmsten ist. Sie sollten es zwar auf die Haut kleben, nicht auf die Wäsche, doch es braucht nicht unbedingt die Stelle zu sein, wo Sie eine Wirkung erhoffen.

Bei jedem Atemzug

Die Lunge sieht nicht aus wie eine Plastiktüte oder ein Luftballon. Wenn Sie sich zwei Schwämme vorstellen, die mit einem Staubsaugerrohr verbunden sind, sind Sie der Wahrheit schon näher. Die Lungenflügel eines Erwachsenen sind kegelförmig und jeweils etwa 25 bis 30 cm lang. Sie sind von einer schützenden Membran überzogen, dem Brustfell *(Pleura),* an dessen Existenz wir schmerzhaft erinnert werden, wenn wir uns eine Brustfellentzündung zuziehen. Die eingeatmete Luft passiert die Luftröhre, die sich zur Lunge hin in zwei Röhren verzweigt, die Bronchien. Jede Bronchie führt in einen Lungenflügel. Die Luft gelangt in die Lunge, wenn das Zwerchfell, ein starker Muskel unter der Lunge, die Brusthöhle, in der sich die Lunge befindet, mit Gewalt senkt und ausdehnt. Dies bewirkt, daß die Lunge sich weitet und Luft aufneh-

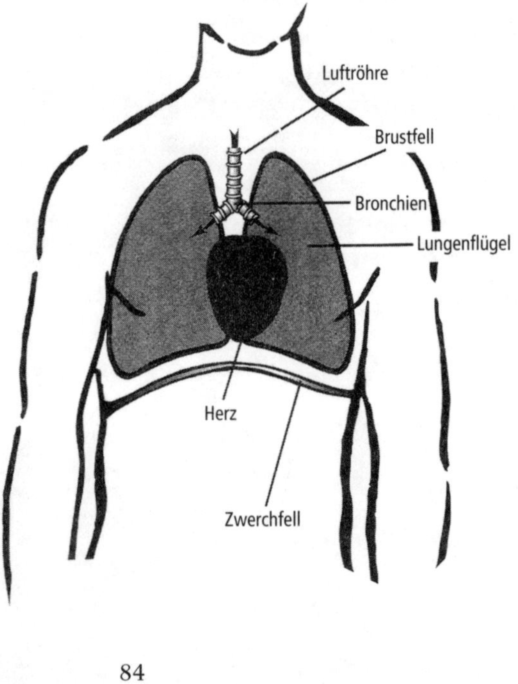

men kann. Wenn sich das Zwerchfell dann entspannt, zieht sich die Lunge wieder zusammen und drückt die Luft hinaus. Benötigt man vermehrt Luft, z. B. wenn man sich ohne zu zahlen aus dem Restaurant schleicht und die Schritte hinter einem nicht nur ein Echo sind, dann kann sich der Brustkorb selbst ausdehnen. Ein gesunder Erwachsener kann mit einem Atemzug etwa 3 bis 5 Liter Luft in die Lungen ziehen, doch werden in Ruhelage nur etwa 5 Prozent dieses Fassungsvermögens benötigt.

Durch die dünnen Membranen der Lungenbläschen gelangt der Sauerstoff in das Blut, wo er sich in den roten Blutkörperchen mit dem Hämoglobin verbindet. Das Kohlendioxid geht den umgekehrten Weg, vom Blut in die Lunge zur Ausatmung. Durch ein sehr wirksames Reinigungssystem scheidet die Lunge Schadstoffe aus, die sich sonst in ihr anreichern würden. Winzige Haare, die sog. Flimmerhärchen, stoßen den vom Schleim aufgefangenen Schmutz in die Luftröhre zurück. Dort trifft er auf einen empfindlichen Bereich, was einen Hustenreiz auslöst. Der Auswurf sollte weißlich-klar sein. Wenn Sie in einer Stadt leben, ist er jedoch durch die Luftverschmutzung vermutlich grau. Bei Bronchialinfekten verfärbt er sich oft grünlich. Ist Ihr Auswurf braun-weiß gefleckt, dann haben Sie entweder Blut in der Lunge, das sich durch heftiges Husten gebildet haben kann, oder Sie haben einen Kartoffelchip inhaliert. Suchen Sie in jedem Fall den Arzt auf.

Lungenkrankheiten

Nicht das Einatmen ist hier das Problem, sondern das Ausatmen, das bei Asthma erschwert ist, da sich dabei die schmalen Atemwege verengen. Rauch, Abgase und auch Streß können die Beschwerden verschlimmern. Die Ausscheidungen der in Teppichen lebenden Hausstaubmilben z. B. können für eine asthmakranke Lunge verheerende Folgen haben. Sie lassen sich jedoch mit speziellen Staubsaugern entfernen. Auch wenn es inzwischen eine Vielzahl von Medikamenten gibt, ist Asthma auf dem Vormarsch, ohne daß die genauen Ursachen dafür bekannt wären. Vielleicht sollte man versuchen, die Milben auf Stubenreinheit zu trainieren.

Lungenentzündung wird durch Viren oder Bakterien verursacht. Die meisten Erkrankten überleben, da ihre Abwehr stark genug ist. Bei bakterieller Lungenentzündung können Antibiotika das Leben retten. Durch Bewegungsmangel oder -unfähigkeit infolge chronischer Erkrankungen erkranken ältere Menschen häufig an Lungenentzündung.

Eine Asbestose wird durch das Einatmen von Asbeststaub verursacht. Viele Betroffene starben daran, bevor Asbestose als Berufskrankheit anerkannt wurde. Der Asbeststaub auf der Kleidung der Arbeiter gefährdete auch deren Familie. So entwickelte ein Mann im nordirischen Belfast Asbestose, ohne mit der Substanz bewußt in Berührung gekommen zu sein. Erst später fand man heraus, daß der Zug, den er jeden Tag lenkte, an einer Fabrik vorbeikam, die asbestgeschwängerten Rauch in die Umwelt blies. Die Asbestose hatte seinen Sinn für Humor zum Glück nicht beeinträchtigt. Er wolle eingeäschert

werden, erklärte er mir, um noch ein bißchen länger anwesend zu sein.

Der Tuberkulose fielen einst zahlreiche Menschen zum Opfer, und viele der Krankenhäuser, die um die Jahrhundertwende erbaut wurden, dienten ursprünglich nur der TB-Behandlung. Veränderte Wohnverhältnisse und Ernährungsgewohnheiten, und in geringerem Maße auch Fortschritte in der Medizin, haben die Krankheit in den reichen Ländern des Westens zurückgedrängt. Dennoch werden allein in Nordirland jedes Jahr mehr als 100 Neuerkrankungen gemeldet, und seit es Bakterienstämme gibt, die gegen sämtliche Antibiotika resistent sind, ist die Krankheit leider wieder auf dem Vormarsch.

Bronchitis ist eine Entzündung der Bronchien. Ihre Erkennungsmelodie ist ständiger Husten mit Auswurf. Typisch ist auch Atemnot, die durch Rauchen noch verschlimmert wird.

Zug für Zug gefährlich

Bevor der Tabak nach Europa eingeführt wurde, kam Lungenkrebs nur sehr selten vor. Christoph Columbus und Sir Walter Raleigh haben also eine Menge auf dem Gewissen, wenn auch lange nicht so viel wie die Tabakindustrie. Hauptursache für Lungenkrebs ist das Tabakrauchen in seinen verschiedenen Formen.

- Je mehr Zigaretten man pro Tag raucht und je früher im Leben man mit dem Rauchen beginnt, desto größer ist die Gefahr.

- Pfeifen- und Zigarrenraucher haben ein geringeres Lungenkrebsrisiko, doch ist die Gefahr noch immer größer als bei Nichtrauchern.
- Auch das Einatmen von Tabakrauch durch Nichtraucher – das *passive* Rauchen – erhöht das Lungenkrebsrisiko. Eine japanische Studie hat klar gezeigt, daß nichtrauchende Ehefrauen rauchender Männer wesentlich häufiger typische »Raucherkrankheiten« entwickeln als Ehefrauen von Nichtrauchern.

Lungenkrebs

Nicht alles läßt sich als Rauchwolke wieder hinauspaffen.

- Bei Männern ist Lungenkrebs vor dem Prostatakrebs die häufigste Krebsform. 1995 starben in der Schweiz 1967 Männer an Lungenkrebs (von insgesamt 8360 an Krebs gestorbenen Männern), aber nur 578 Frauen (von insgesamt 6687 an Krebs gestorbenen Frauen).
- Am häufigsten tritt Lungenkrebs im Alter von 65 bis 75 Jahren auf. Bei Männern unter 40 ist er relativ selten.
- Nur wenige Betroffene überleben den Lungenkrebs. Die Quote liegt bei 8 Prozent, verglichen mit 43 Prozent, die Prostatakrebs überleben, die zweithäufigste Karzinomart bei den Krebstoten.

Warnsignale, die Sie beachten sollten

Die meisten Lungenkrebskranken suchen den Arzt erst auf, wenn es längst zu spät ist und gar nichts mehr getan werden kann. Sie sollten sofort zum Arzt gehen, wenn Sie

- anhaltend husten,
- blutigen Auswurf haben,
- zunehmend an Atemnot leiden.

Therapie

Obwohl eine frühzeitige Behandlung mit Operationen und Chemotherapie durchaus Erfolgsaussichten hat, überleben weniger als 8 Prozent aller Lungenkrebskranken die ersten fünf Jahre nach der Diagnose. Dies liegt zum Teil daran, daß der Körper gegen die Medikamente schnell resistent wird.

Ein neuer Durchbruch bei der operativen Behandlung von Lungenkrebs ist nicht in Sicht, doch zeichnen sich bei der medikamentösen Therapie neue technologische Entwicklungen ab.

Vorbeugung

Am vernünftigsten ist es natürlich, mit dem Rauchen aufzuhören oder am besten gar nicht erst anzufangen. Auch wenn das Edelgas Radon, das sich vor allem im Umkreis von Granitfelsen findet, für 6 Prozent aller Lungenkrebsfälle verantwortlich ist, sind die übrigen 94 Prozent zum größten Teil dem Tabak zuzuschreiben.

In Großbritannien sterben jeden Tag etwa 100 Menschen an Lungenkrebs. Jeder zweite starke Raucher wird nicht einmal 70 Jahre alt. Zum Glück geht die Zahl der Raucher bei den Männern zurück; in Großbritannien kommen heute auf einen Raucher 4 Nichtraucher. Beim Nikotinentzug helfen folgende Maßnahmen:

- Nikotinpflaster und -kaugummis dämpfen sehr wirkungsvoll das Verlangen nach dem Glimmstengel.
- Kontaktieren Sie Selbsthilfegruppen und andere Organisationen, bei denen Sie Rat und Information erhalten (siehe Seite 246–247).
- Wenn Sie es für sich selbst nicht schaffen, dann tun Sie es für Ihren Partner oder Ihre Kinder. Ihre Angehörigen sind nicht nur die Leidtragenden, wenn Sie an Lungenkrebs sterben, sondern sind durch Ihren Rauch auch direkt gefährdet.

Worauf Sie sich freuen können, wenn Sie nicht mehr rauchen

- Schon acht Stunden nach der letzten Zigarette ist das im Rauch enthaltene giftige Kohlenmonoxid aus dem Blut wieder verschwunden. Im gleichen Zeitraum normalisiert sich auch der Sauerstoffgehalt.
- 24 Stunden danach setzt ein Rückgang des Herzinfarktrisikos ein, das bei Rauchern sehr hoch ist.
- 48 Stunden danach beginnen die durch den Rauch zerstörten Nervenenden wieder zu wachsen. Da das Rauchen auch die Nerven abtötet, die den Hustenreflex steuern, kann es gut sein, daß Sie nach zwei Tagen ohne Zigarette Ihre Bronchien wesentlich besser freihusten als davor. Auch Geruchs- und Geschmackssinn werden feiner. Viele Leute, die mit dem Rauchen aufhören, nehmen zu, weil ihnen einfach das Essen besser schmeckt.

- Drei Tage nach der letzten Zigarette nehmen die Krämpfe des Lungengewebes ab, was das Atmen erleichtert. Die Lungenkapazität nimmt zu.
- Nach drei Monaten hat sich die Durchblutung gebessert, wodurch die Erektionen härter werden. Die Spermienzahl nimmt zu, das Gehen wird einfacher, und sogar der Leber geht es besser, denn dort werden die meisten im Tabakrauch enthaltenen Gifte abgebaut.
- Innerhalb von fünf Jahren fällt das Lungenkrebsrisiko drastisch, nach Meinung mancher Ärzte um bis zu 50 Prozent. Zehn Jahre nach der letzten Zigarette ist das Risiko nicht mehr höher als bei Nichtrauchern.

Leichter gesagt als getan

Es gibt nichts Schlimmeres als einen Nichtraucher, der einem Raucher erklärt, wie man das Laster los wird. Da Nikotin stark suchterzeugend ist, kommt es zu Entzugssymptomen, die recht heftig sein können. Für viele Raucher ist dies dann eine Entschuldigung dafür, daß sie wieder anfangen. Spannung, Aggression, Reizbarkeit und Konzentrationsschwäche sind eine Zeitlang erhöht, so daß 80 Prozent aller Betroffenen beim ersten Versuch, das Rauchen aufzuhören, scheitern. Eine Sucht ist schließlich kein Kinderspiel. Wer pro Tag nur 10 Zigaretten raucht, führt jedes Jahr etwa 40 000mal die Hand zum Mund. Kein Wunder, daß Raucher während des Nikotinentzuges ständig etwas in sich hineinstopfen.

Vom britischen Gesundheitsministerium stammt folgendes Entzugsprogramm:

1 Legen Sie ein Datum fest, an dem Sie aufhören werden, und erzählen Sie allen Freunden und Bekannten davon, damit die Sie unterstützen.
2 Machen Sie es wie beim Tiefseetauchen: Suchen Sie sich einen Partner, der mit Ihnen zusammen aufhört, damit Sie sich gegenseitig Ihre Willenskraft stärken können.
3 Werfen Sie alle Zigarettenpäckchen, Streichhölzer und Papierchen fort, die Sie bei sich zu Hause und in Ihren Taschen finden.
4 Wenn Ihnen das Aufhören schwerfällt, dann versuchen Sie wenigstens, ab und zu mal für einen Tag auszusetzen.
5 Halten Sie Ihre Fortschritte in einem Schaubild oder Kalender fest, und sammeln Sie das gesparte Geld in einem Sparschwein.
6 Kauen Sie auf einer Karotte. Ihre Finger und Ihr Mund haben dadurch etwas zu tun, und außerdem verhütet der hohe Beta-Karotin-Gehalt Krebs. Entgegen der landläufigen Meinung helfen Mohrrüben jedoch nicht dabei, im Dunkeln besser zu sehen, es sei denn, Sie wollen sie anzünden, weil Sie vergessen haben, was Sie in der Hand halten.
7 Bitten Sie Ihre Freunde, in Ihrer Gegenwart nicht mehr zu rauchen. Die meisten Raucher werden heutzutage bereitwilliger darauf eingehen als früher.

Taube Ohren

Ich war verwirrt, als ich an jenem Tag auf den Summer drückte, um den nächsten Patienten hereinzurufen, und niemand erschien. Erst nach dem dritten Versuch betrat schließlich ein junger Mann mit rotem Kopf zögernd mein Sprechzimmer. Er müsse eingenickt sein, entschuldigte er sich, und habe darum den Summer nicht gehört. So etwas mag durchaus an den langen Wartezeiten in Arztpraxen liegen, doch bei ihm war der Fall anders. Wie sich herausstellte, hatte er vor kurzem ein Rockfestival besucht und war den ganzen Tag neben dem Lautsprecher gesessen. »Der Baß hat richtig weh getan«, erzählte er. Die Tage danach war er auf beiden Ohren fast taub. Zwar kam sein Gehör dann langsam wieder zurück, doch es wurde nie mehr so, wie es einst gewesen war.

Wir halten gute Ohren für so selbstverständlich, daß wir es gern versäumen, uns gegen gehörschädigende Lautstärken zu schützen. Männer sind übermäßigem Krach häufiger ausgesetzt als Frauen, doch gibt es wohl kaum etwas Lauteres als die Boxen einer Rockband. Schon Musik aus einem Walkman-Kopfhörer kann das Gehör auf Dauer schädigen.

Wer sich wie die Besucher eines Rockkonzerts extremer Lautstärke aussetzt, wird danach vielleicht bemerken, daß sein Gehör nachgelassen hat. Zwar kehrt das Hörvermögen in den meisten Fällen wieder zurück, doch wächst mit jedem »Trommelfeuer« die Gefahr einer dauerhaften Schädigung des Gehörs. Das mag Ihnen anfänglich gar nicht auffallen, bis Sie irgendwann merken, daß Sie etwas nicht oder nur teilweise verstanden haben, was ein anderer Ihnen sagte.

Es klingelt, es klingelt

Extreme Lärmbelastung kann auch zu einem konstanten Klingel- oder Pfeifton in einem Ohr oder in beiden Ohren führen. Zum Arzt führt die Betroffenen dann nicht der eigentliche Hörverlust, von dem sie meist annehmen, er bessere sich von selbst, sondern das ständige Klingeln und Pfeifen, wissenschaftlich Tinnitus. Oft klingen die Ohrgeräusche, die schon manchen buchstäblich in den Wahnsinn getrieben haben und die sich nachts und in ruhiger Umgebung meist verschlimmern, wie Meeresrauschen oder das Tosen eines Sturms.

Discotaubheit

Die durch wiederholte Lärmbelastung verursachte Schwerhörigkeit nennt man heute auch »Discotaubheit« oder das »Bist du oft hier? Wie bitte?«-Syndrom. Statistisch gesehen, büßen Männer häufiger und nachhaltiger das Gehör ein als Frauen, was daran liegen mag, daß viele es für unmännlich halten, sich gegen Lärm zu schützen. Von Schwerhörigkeit bedroht ist jeder, der in einer lauten Fabrik, an landwirtschaftlichen Geräten oder auch an einer Kettensäge arbeitet. Wer sich dann den Weg zur Arbeit noch mit Musik aus dem Walkman verschönert und seine Wochenenden in der Discothek verbringt, gibt seinen Ohren nur wenig Gelegenheit zur Regeneration.

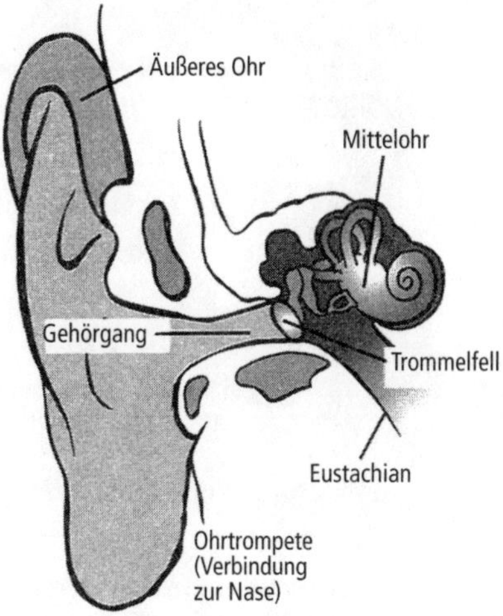

Ursachen

Wie der Stoßdämpfer eines Wagens verhält sich der winzige Muskel namens Steigbügel *(Stapedius),* der laute Geräusche daran hindert, im Gehörgang bis zu dem hochsensiblen Empfangsorgan der Schnecke *(Cochlea)* vorzudringen. Der Muskel dämpft die Schallwellen, indem er sich gegen eines der Gehörknöchelchen *(Ossicula),* die den Schall weiterleiten, zusammenzieht, so daß das Gehirn alle Geräusche in erträglicher Lautstärke empfängt. Bei konstantem Lärm wird der Muskel nach und nach schwächer, bis die Schallwellen schließlich mit voller Wucht auf die Schnecke treffen. Durch den wiederholten Aufenthalt in übermäßig lauter Umgebung wird der empfindliche Mechanismus allmählich zerstört, was zu dauerhafter, nicht behandelbarer Schädigung des Gehörs führt. Viele reagieren dann auf die zunehmende Schwerhörigkeit damit, daß sie Walkman oder Stereoanlage noch lauter aufdrehen, was den Gehörverlust noch weiter beschleunigt. Ein wahrer Teufelskreis!

Taubheit gibt es in zwei Formen. Bei der Schalleitungs- oder Mittelohrschwerhörigkeit sind die Gehörknöchelchen unfähig, den Schall so weiterzuleiten, daß er

die Aktivität der Schnecke anregt. Bei der Schallempfindungs- oder Innenohrschwerhörigkeit ist entweder die Schnecke selbst zerstört oder der Hörnerv, der den Ton ans Gehirn weiterleitet.

Therapie

Herkömmliche Hörgeräte helfen nicht immer, obwohl ein neuentwickeltes elektronisches Gerät, das in die Schnecke eingepflanzt wird, Anlaß zur Hoffnung gibt. Tinnitus läßt sich oft gar nicht behandeln; einige der dafür eingesetzten Medikamente führen auch zu Benommenheit. Überraschend gute Ergebnisse erzielt oft die Therapie mit einem leisen Dauerton aus einem Kopfhörer.

Schützen Sie sich vor Lärm mit Ohrenschützern und -stöpseln oder einfach, indem Sie Distanz zu Lautsprechern halten – es sei denn, Sie beteiligen sich an geselligen Konversationsrunden am liebsten nur nickend und lächelnd.

Schwerhörigkeit kann ansteckend sein

Infektionen am Ohr kommen häufig vor, doch führen sie zum Glück nur selten zu Taubheit. Unter *Otitis externa* versteht man eine Entzündung des äußeren Ohrs, z. B. durch Pilze, die sich gern in der warmen, feuchten, gemütlichen Ohrmuschel ansiedeln und im Gehörgang kleine Risse bilden, die jucken und schmerzen. Wer dann im Ohr kratzt und bohrt, macht das Ganze nur noch schlimmer. Fragen Sie lieber Ihren Apotheker, welche Salben oder Tropfen er empfiehlt.

Schmerzhaft ist auch eine Mittelohrentzündung *(Otitis media)*. Wenn die Ohrtrompete, die den Gehörgang mit Nase und Rachen verbindet, verstopft ist, kann sich das Trommelfell nicht mehr frei bewegen. Ergebnis ist ein vermindertes Hörvermögen mit starken Schmerzen, die wie bei einem Furunkel unter der Haut nachlassen, sobald der Druck ein Ventil findet. Der einzige Weg, auf dem der Eiter abfließen kann, ist durch das Trommelfell. Wenn also eine übelriechende Absonderung aus Ihrem Ohr fließt und zugleich der Schmerz völlig verschwindet, dann wissen Sie, daß Ihr Trommelfell ein Loch bekommen hat. Die meisten Ohrinfektionen heilen von selbst, doch läßt sich der Prozeß oft mit Antibiotika beschleunigen. Eine *Mastoiditis* ist eine schwere Komplikation, die zu Taubheit und sogar Hirnabszessen und Hirnhautentzündung führen kann und heute zum Glück nur noch sehr selten auftritt.

Tuben-Mittelohrkatarrh *(Seromukotympanon)*

Der meist bei Kindern auftretende Tuben-Mittelohrkatarrh, bei dem die Ohrtrompete durch Blutserum und Schleim verstopft wird, ist Gegenstand vieler Kontroversen. Nicht nur sind die Ursachen weitgehend unbekannt, auch ist die Behandlung von Arzt zu Arzt verschieden. Damit das Sekret, das das Hörvermögen einschränkt, abfließen kann, werden kleine Röhrchen in das Trommelfell gesteckt. Das Gehör läßt sich auf diese Weise wiederherstellen, doch kann es dabei in seltenen Fällen zu Komplikationen kommen, nicht zuletzt durch die für den Eingriff notwendige Vollnarkose. Wer verhindern will, daß sein Kind in der Schule nicht mitkommt, weil es den Lehrer nicht versteht, sollte es dennoch behandeln lassen. Ob eine chronische Mittelohrentzündung zu einer dauerhaften Schädigung des Gehörs führt, ist nicht gesichert.

Ohrenschmalz

Einmal rief ein Herr in der Notfallstation an, der über sein Kind besorgt war. Seinem aufgeregten Bericht entnahm ich die Worte »Ohr« und »feststecken«, so daß ich den Herrn an seinen Hausarzt verwies. Einige Minuten später brachte ein erzürnter Vater seine kleine Tochter, die einen Finger in ihrem Gehörgang stecken hatte. Wie es sich herausstellte, hatte das Mädchen Sekundenkleber benutzt und sich dann mit einer schönen Portion davon auf dem Finger im Ohr gekratzt.

In einem Gehörgang finden alle möglichen Dinge Platz. Ohrwürmer zählen eher zu den seltenen Gästen, doch sollten Sie einmal in einem Dahlienbeet übernachten, werden die Tierchen Ihr Angebot bestimmt nicht ausschlagen. Häufigere Besucher sind Wattestäbchen, doch bohren viele Menschen auch mit Fingern, Korkenziehern, Streichhölzern oder Salzstangen ihr Ohrenschmalz heraus. Einmal kam ein Patient zu mir und berichtete, er habe wunderbar hören können, bis er mit einem Stück Schmelzdraht im Ohr gestochert habe. »Dieses Dröhnen in den Ohren nach einem Tag auf dem Land hat mich schier verrückt gemacht«, erzählte er. »Darum habe ich ein Stück 30-Ampère-Schmelzdraht ins Ohr gesteckt, um zu schauen, ob sich dadurch was ändert.« Das tat es zweifellos. Ich erklärte dem Mann, es sei ihm zwar gelungen, den in seinem Ohrenschmalz sitzenden Käfer aufzuspießen, doch habe er dabei leider auch sein Trommelfell durchbohrt. Als Antwort kam natürlich: »Wie bitte?« Nicht nur hatte der Draht das Trommelfell beschädigt, er hatte auch die empfindlichen Knöchelchen, die den Schall ans Gehirn weiterleiten, übel zugerichtet.

Das Ohr produziert Schmalz, wenn es gereizt wird. Je mehr Sie also mit Wattestäbchen in den Ohren bohren, desto mehr Ohrenschmalz wird dort gebildet. Das gleiche gilt für Ohrspülungen. Lassen Sie sich nie Wasser ins Ohr spritzen, wenn Sie nicht absolut sicher sind, daß Ihr Trommelfell kein Loch hat! Einer meiner Patienten unterhielt seine Kinder gern damit, daß er in der Badewanne Luftbläschen aus seinen Ohren steigen ließ, wenn er den Kopf unter Wasser hatte. Dabei kam er einmal auf die glorreiche Idee, die Ohren mit Wasser zu füllen, um es dann wie Moby Dick herauszuspritzen. Zum Ausspülen der Ohren eignet sich Badewannenwasser jedoch leider nicht, schon gar nicht, wenn man, wie jener Patient, durchlöcherte Trommelfelle hat. Der Mann zog sich eine unangenehme Infektion zu, die sein Gehör auf Dauer schädigte.

Wattestäbchen

Stellen Sie sich vor, Sie müßten eine Kanonenkugel mit einem Stock aus einer alten Kanone herausholen. Ein solches Unterfangen ist genauso sinnvoll wie der Versuch, Ohrenschmalz mit Wattestäbchen herauszuschaben, denn die Stäbchen drücken das Schmalz immer mehr gegen das Trommelfell. Wenn dann Wasser ins Ohr gerät, sammelt es sich hinter dem Schmalzpropfen, so daß alles, was Sie hören, so klingt, als hätten Sie eine Decke über dem Kopf. Konsultieren Sie am besten Ihren Hausarzt. Ist das Ohrenschmalz wirklich eingeklemmt, kann man es mit speziellen Tropfen aufweichen, bis es herausfließt. Mit Wasser sollten die Ohren nur gespült werden, wenn das Trommelfell zu sehen ist. Sie können statt dessen aber auch Ihre Freundin oder Ehefrau bitten, das Ohr freizusaugen. Der Geschmack ist zwar furchtbar, doch wissen Sie dann wenigstens, daß die Dame Sie wirklich liebt.

Schau mir in die Augen, Kleines!

Bitte erzählen Sie dies niemandem weiter, denn mir ist die ganze Geschichte ziemlich peinlich. Der Krankenwagen brachte eine Frau auf die Notfallstation, die einen Verkehrsunfall gehabt hatte. Da sie bewußtlos war, wollte ich ihren Augenhintergrund mit einem Ophthalmoskop betrachten (einem kleinen, flachen Teleskop zur Augenspiegelung), denn übermäßiger Druck im Schädel verändert das Aussehen der Netzhaut, wodurch sich mögliche Hirnschädigungen rechtzeitig erkennen und verhüten lassen. Zufälligerweise hatte ich auch eine Gruppe Medizinstudenten dabei und versuchte darum, so professionell wie möglich zu wirken. Während ich also mit Expertenmiene ihr linkes Auge untersuchte, flüsterte die Patientin mir ins Ohr: »Das Auge ist übrigens aus Glas, Herr Doktor.« Leider war die Dame auch schwerhörig, so daß man ihr Flüstern bis ins Wartezimmer hören konnte.

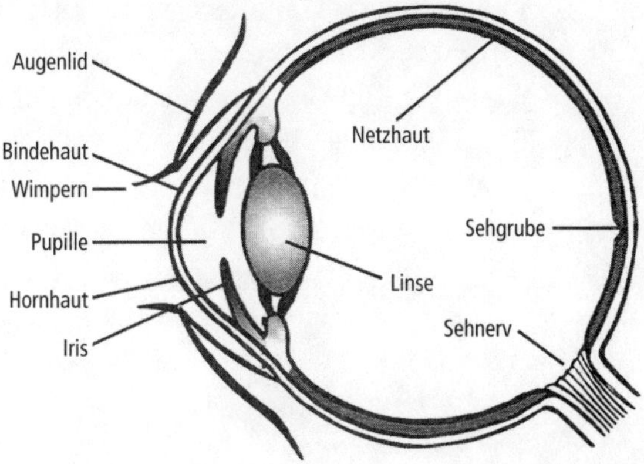

Der Augapfel ist eine Kugel mit einem Durchmesser von etwa 2,5 cm und einer deutlichen Hornhautwölbung auf der Vorderseite. Die innerste Schicht ist die lichtempfindliche Netzhaut (Retina). Die Hornhaut (Cornea) ist eine widerstandsfähige Membran aus fünf Schichten, durch die das Licht ins Innere des Auges dringt. Von der Linse ist die Hornhaut durch eine Kammer abgetrennt, die eine klare, wässerige Flüssigkeit enthält. Wenn sich der Druck in dieser Kammer erhöht, kann das die Netzhaut zerstören, bis hin zur völligen Erblindung. Die Anlage zu dieser Krankheit, die man grüner Star oder Glaukom nennt, ist erblich. Leidet also einer Ihrer Angehörigen daran, sollten Sie regelmäßig den Augendruck messen lassen. Die Linse ist von einem Ringmuskel umgeben, mit dem sie durch Bänder verbunden ist. Durch Krümmung oder Verflachung der Linse stellt dieser Muskel das Auge auf Nähe und Ferne ein. Zwischen Hornhaut und Linse liegt die pigmentierte Iris (Regenbogenhaut) mit einer ringförmigen Öffnung im Zentrum, der Pupille, die von einem Ringmuskel am Irisrand erweitert oder verengt wird. Der Muskel reguliert die ins Auge einfallende Lichtmenge, indem er die Pupille durch Kontraktion und Entspannung verkleinert oder vergrößert. Wenn Sie jemanden attraktiv finden, erweitern sich Ihre Pupillen, was erklärt, warum Sie immer so riesige Pupillen haben, wenn Sie in den Spiegel schauen.

Das Augeninnere ist mit einer durchsichtigen, geleeartigen Substanz gefüllt, deren Druck den Augapfel aufgebläht hält. Der Augenhintergrund ist von der Netzhaut ausgekleidet, einer komplex aufgebauten Gewebsschicht, die zum größten Teil aus Nervenzellen besteht. Die lichtempfindli-

chen Sinneszellen liegen auf der äußeren Netzhautoberfläche vor einer pigmentierten Gewebsschicht. Diese wie Stäbchen und Zapfen geformten Zellen liegen hier so dicht beieinander wie Streichhölzer in der Schachtel. Bestimmte Krankheiten oder Verletzungen können dazu führen, daß sich die Netzhaut von ihrer Grundschicht ablöst. Mit Hilfe der Lasertechnologie läßt sich die abgelöste Netzhaut wieder mit der pigmentierten Schicht dahinter ›verschweißen‹. Die kleine, runde Stelle auf der Netzhaut etwas unterhalb der Sehgrube (Fovea), an der der Sehnerv den Augapfel verläßt, weist keine lichtempfindlichen Sinneszellen auf. Der Punkt wird darum ›blinder Fleck‹ genannt.

Die Naheinstellung des Auges

Ein kleines Kind sieht noch auf eine Entfernung von nur 6–7 cm klar und deutlich. Mit zunehmendem Alter verhärtet sich jedoch allmählich die Linse, so daß ein Dreißigjähriger etwa 15 cm Abstand halten muß, um etwas klar zu erkennen und ein Fünfzigjähriger etwa 40 cm. In den späteren Lebensjahren verlieren viele Menschen die Fähigkeit, die Augen auf etwas Nahes einzustellen, dann völlig. Diese Alterssichtigkeit genannte Sehschwäche läßt sich mit speziellen konvexen Gläsern korrigieren, der Lesebrille. Veränderungen der Augapfelgröße wiederum führen zu Kurz- und Weitsichtigkeit.

Wie das Auge sich schützt

Das Auge schützt sich durch verschiedene Organe. Am wichtigsten sind die Lider, die das Auge vor übermäßigem Lichteinfall und Verletzungen bewahren. Die Wimpern am Rand des Augenlids halten wie ein Fliegenfenster Staubkörnchen und kleine Insekten fern, wenn die Augen halb geschlossen sind. Da sie an den Lidern hängen, kann man mit ihnen klimpern und zwinkern. Eine Falschparkerin mag dies vor einem Strafzettel bewahren, doch wenn Sie sich als Mann in dieser Form der Kontaktaufnahme versuchen, handeln Sie sich eher eine blutige Nase ein. Die Innenfläche des Augenlids ist von einer dünnen Schutzschicht überzogen, der Bindehaut. Jedes Auge besitzt außerdem eine Tränendrüse im äußeren Augenwinkel. Die salzigen Sekrete dieser Drüsen ölen bei geschlossenen Lidern die Vorderseite des Augapfels und spülen Staubpartikel und andere Fremdkörper von der Augoberfläche. Die Tränen fließen in die Nase ab, weshalb am Ende von ›Love Story‹ den meisten Zuschauern die Nase läuft. Durch einen Reflex schließen sich die Lider etwa alle sechs Sekunden, doch wenn sich ein Staubkorn auf die Augenoberfläche verirrt, zwinkern sie häufiger, während gleichzeitig vermehrt Tränen fließen. Auf den Rändern der Augenlider befindet sich eine Anzahl kleiner Talgdrüsen, die Meibom-Drüsen, die Lider und Wimpern mit dem von ihnen produzierten Talg schmieren. Auch die Augenbrauen üben eine schützende Funktion aus, wenn sie Schweiß und Regenwasser aufsaugen oder umleiten und so verhindern, daß

die Flüssigkeit in die Augen gelangt. Sie dienen auch zum Ausdruck großer Überraschung, z. B. wenn Sie zu spät bemerken, daß kein Toilettenpapier mehr da ist.

Augenkrankheiten

Gerstenkörner sind häufig. Es handelt sich dabei um eine Entzündung der Haarbälge *(Follikel)* der Wimpern. Antibiotische Salben und manchmal auch die Entfernung des Haars, das im Zentrum des Follikels sitzt, helfen. Durch Narben und chronische Reizung kann es zu einer Einwärtsstülpung *(Entropion)* oder einer Auswärtswendung *(Ektropion)* der Lider kommen. Die Augen tränen dann, und die Tränen fließen nicht in die Nase, sondern das Gesicht hinab. Noch gefährlicher ist, daß das nach innen gestülpte Lid auf der Vorderseite des Auges Narben hinterlassen kann, die die Sicht behindern. Hier hilft ein einfacher chirurgischer Eingriff. Bei einer Bindehautentzündung werden krustige Absonderungen produziert, die die Augenlider beim Schlafen verkleben. Manchmal befällt der Herpes-Virus die Hornhaut, was unbehandelt zu einer dauerhaften Schädigung des Sehvermögens führen kann. Konsultieren Sie einen Arzt, wenn Ihr Auge juckt, schmerzt und rot anläuft. Bei vielen Menschen röten sich die Augen gelegentlich, vor allem am Samstagmorgen. Degenerative Veränderungen der zentralen Netzhaut ist bei älteren Menschen die häufigste Ursache von Erblindung.

Kontaktlinsen

Die Zahl der Menschen, die statt Brille Kontaktlinsen tragen, hat so zugenommen, daß bewußtlose Patienten bei der Einlieferung in die Notfallstation immer erst

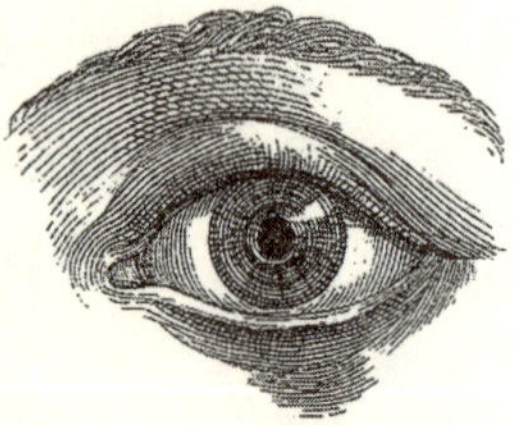

auf Kontaktlinsen untersucht werden. Die luftdurchlässigen weichen Linsen, die Wasser aufsaugen, tragen sich meist angenehmer, doch ist ihre Lebenszeit begrenzt, da sich Proteine auf ihnen ablagern, die mit der Zeit immer schwieriger zu entfernen sind. Noch wichtiger ist, daß sie bei unsachgemäßer Behandlung leicht zu Augeninfektionen führen können – Leitungswasser ist keine geeignete Aufbewahrungslösung, und auch die Pflegemittel, die es im Fachhandel gibt, müssen regelmäßig gewechselt werden.

Sauerstoffdurchlässige harte Linsen erlauben es der Augenoberfläche, zu »atmen«. Vergessen Sie nicht, daß die Hornhaut auf der Vorderseite des Auges nur deshalb durchsichtig ist, weil sie keine Blutgefäße enthält. Die Versorgung mit Sauerstoff und Nahrung erfolgt durch die Tränenflüssigkeit, die bei jedem Zwinkern das Auge bedeckt. Produzieren Ihre Augen nicht genug Tränen, wie etwa beim Sjögren-Syndrom, kann dies zu Trübung der Sicht führen. Sie können Ihren Tränenfluß z. B. dadurch anregen, daß Sie beim Lenken eines Herrenrades von den Pedalen und vom Sitz abrutschen und so auf der Stange landen. Der Trick funktioniert immer, weshalb Radfahrer auch so gut sehen. Kontaktlinsen, die man nach einmaligem Tragen wegwirft, sind ein wenig teurer, aber dafür sehr sicher.

Kontaktlinsen arbeiten alle nach dem gleichen Prinzip. Kurzsichtigkeit entsteht meist durch eine fehlerhafte Form der Hornhaut. Es ist der Unterschied in der Lichtbrechung zwischen Luft und Hornhaut, der das Licht auf der Netzhaut im Augenhintergrund bündelt, so daß dort ein klares Bild entsteht. Dies erklärt, warum Sie unter Wasser nur mit einer Taucherbrille deutlich sehen. Indem die Kontaktlinse einen Tränenfilm zwischen sich und der Hornhaut bildet, verändert sie den Brennpunkt des einfallenden Lichts. Wenn Sie auf der Hornhautoberfläche kleine Einschnitte durchführen, verändert sich durch den Heilungsprozeß die Form der Hornhaut. Das Ergebnis ist, als trügen Sie ununterbrochen Kontaktlinsen, und das völlig ohne Probleme. Die Lasertechnologie führt die feinen Schnitte inzwischen sehr sicher durch, so daß das Verfahren heute zur Behandlung schwerer Kurzsichtigkeit eingesetzt wird.

Parasiten und andere Erreger

Einmal kam ein Patient und reichte mir die Hand. Während er noch meine Hand festhielt, berichtete er mit ruhiger Stimme, er habe Krätze. In meinen ganzen Jahren als Arzt hatte ich nie soviel Krätze auf einem einzigen menschlichen Körper gesehen. Der Mann hatte für seine Krätzmilben nur noch Stehplätze.

Parasiten kommen in allen Formen und Größen vor. Sie kümmern sich meist nicht um Religion, Geschlecht oder sozialen Status. So mancher Parasitenpatient, der sich bei mir einen Termin geben läßt, stammt aus den teuersten Wohnvierteln der Stadt. Merkwürdigerweise juckt mir nach solchen Anrufen immer das Ohr.

Der größte Parasit ist wohl der Bandwurm. *Taenia solium,* der Schweinebandwurm, wird oft so lang wie der gesamte menschliche Darm, nämlich bis zu 12 Meter. Der Parasit mit seinem knorrigen, mit Saugnäpfen und

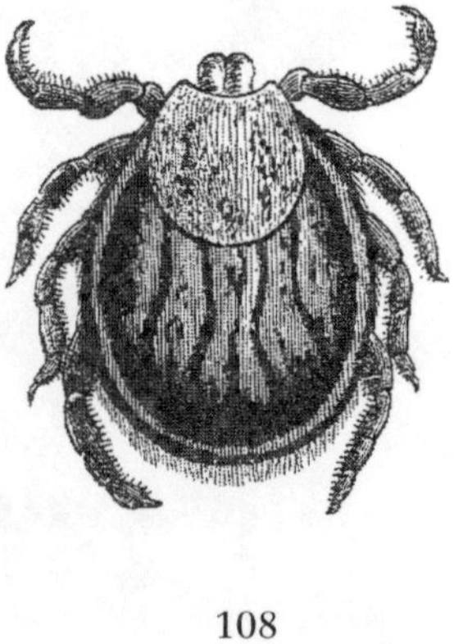

Hakenkränzen besetzten Kopf *(Scolex)* siedelt sich in der menschlichen Darmschleimhaut an. Seine Eier legt der Bandwurm im Kot ab, und wenn dieser dann in der freien Natur landet, gelangt er mitsamt den Bandwurmeiern in das nächste vorbeikommende Schwein. Vom Magen wandern die Eier in Gehirn, Zunge, Augen oder Muskulatur, wo sich die frisch geschlüpften winzigen Würmer einkapseln. Durch Verzehr von derart infiziertem Schweinefleisch gelangt der Schweinebandwurm in den menschlichen Darm. Der Parasit kommt heute zum Glück nur noch selten vor und läßt sich wie der bekanntere Rinderbandwurm leicht behandeln. Häufiger sind Fadenwürmer, die kaum größer sind als eine Fingerspitze und im Darm zu Tausenden leben können. Sie sind nachtaktiv und verursachen einen kaum erträglichen Juckreiz am After. Ansonsten sind sie harmlos, außer bei sehr geschwächten Personen, doch scheint es eine erbliche Anlage dazu zu geben. Zur Behandlung genügt eine einzige Dosis des Wirkstoffs Mebendazol (z. B. Vermox®), obwohl es danach zu erneuten Infektionen kommen kann. Es empfiehlt sich darum, alle Familienangehörigen, ob sie nun infiziert sind oder nicht, mit zu behandeln, mit Ausnahme von Schwangeren und Kindern unter zwei Jahren.

Kleiner und beweglicher sind Kopf- und Filzläuse, die ebenfalls heftigen Juckreiz verursachen. Sie sind etwa so groß wie ein Stecknadelkopf und tummeln sich in Kopf- und Körperbehaarung. Ihre Eier (Nissen) kitten sie an den Haaren fest, wo sie sich mit metallenen Läusekämmen herauskämmen lassen, nachdem man ihre Eltern mit einer Läuseemulsion (z. B. Jacutin®) in die ewigen Jagdgründe befördert hat. Wenn sie nicht gerade Krankheiten anderer Menschen übertragen, sind Läuse relativ harmlos.

Krätze *(Scabies)* ist eine sehr unangenehme Hautkrankheit, die von der Milbe *Sarcoptes scabiei* verursacht wird. Die Tierchen, die kaum größer sind als ein Stecknadelkopf, bohren sich unter die Haut, wo sie ihre Eier ablegen, was zu heftigstem Juckreiz führt. Ihr bevorzugtes Weideland sind die Seiten und Zwischenräume der Finger und die Handgelenksbeuge. Sie werden vom Arzt eine spezielle Lotion erhalten und auch Ihre Kleider waschen müssen. Da die Krankheit sehr ansteckend ist, behandeln Sie am besten gleich Ihren ganzen Haushalt.

Die kleinsten Schmarotzer sind Bakterien und Viren. Es ist ganz vernünftig, daß ein Parasit seinen Wirt nicht tötet, so daß wir uns mit den meisten Bakterien und Viren ganz gut vertragen. Scharlach, in früheren Zeiten eine tödliche Krankheit, löst heute nur noch einen leichten Hautausschlag aus; Elizabeth Taylor in *Tapfere kleine Joe* starb daran.

Ein Mann, den ich kannte, liebte Hunde so sehr, daß er sie mitten auf die Nase küßte. Als er einmal in Frankreich im Urlaub war, tat er dies mit einem ziemlich ungepflegt wirkenden Köter, der sich für die Zuwendung damit bedankte, daß er den Mann in die Nase biß. Leider hatte der Hund die Tollwut, so daß dem Hundeliebhaber nun einige unruhige Wochen mit Impfungen und Blutproben bevorstanden.

Tollwut ist wirklich unangenehm – die Überlebenschancen sind gering. Der Erreger fühlt sich in Hunden und Füchsen genauso wohl wie in Menschen, doch bleiben die meisten Infektionen zum Glück auf eine Spezies beschränkt. Der ständig schniefende und schnaubende Typ im Bus ist höchstwahrscheinlich nicht tollwütig, es sei denn, es handelt sich um einen Werwolf.

Manche Erreger leben in mehreren Wirten. Ratten übertragen Leptospira-Bakterien, die die tödliche Weil-Krankheit *(Leptospirosis)* auslösen. Häufigste Infektionsquelle ist stehendes Wasser, das mit Rattenurin verunreinigt wurde.

Früher wurde auf Milchpackungen stolz vermerkt, die Milch sei frei von Tuberkulose. Die meisten TB-Infektionen werden jedoch von Mensch zu Mensch übertragen.

Zu den am weitesten verbreiteten Erregern zählen die Salmonellen. Sie kommen in vielen Tieren vor und sind wegen der Massentierhaltung der modernen Landwirtschaft kaum auszurotten. Da Hühner und ihre Eier besonders häufig infiziert sind, sollten Sie diese gut kochen, sonst werden Sie zwei Tage nach dem Schmaus bemerken, daß in dem Huhn oder Ei ein kleiner Löwe saß. Die meisten Betroffenen überleben, obwohl Babys und chronisch kranke oder geschwächte Patienten durchaus daran sterben können.

Hunde- und Katzenflöhe können für Menschen zur Plage werden, doch überleben sie nur in der Nähe des Tieres. Viel gefährlicher ist der Toxocara-Wurm, der durch den Kot der Haustiere übertragen wird, z. B. in Sandkästen, die bei Katzen als Toilette beliebt sind. Dieser besonders gemeine Erreger verursacht Erblindung. Lassen Sie Ihre Haustiere also regelmäßig entwurmen.

Rinder- und Schafzüchter infizieren sich oft mit dem Orf-Virus, der eine Hauterkrankung namens Melkerknoten auslöst. Die in Deutschland meldepflichtige Infektion führt zu furchtbar aussehenden Ausschlägen, die jedoch leicht zu behandeln sind.

Die kleinen Würmer auf den Kiemen von Fischen sind harmlos. Dies gilt jedoch nicht für einige der Erreger, die auf den Kiemen von Schaltieren (Muscheln und Schnecken) sitzen. Rotaviren überleben in Brackwasser und finden sich häufig dort, wo Abwasser ins Meer geleitet wird. Wenn die Schaltiere dort Nahrung aus dem Wasser filtern, setzen sich in ihren Kiemen leider auch Rotaviren fest. Die Muschel kriegt davon keinen Durchfall, der Mensch, der sie verzehrt, dafür um so heftiger.

Kurz gesagt: Küssen Sie nicht alle Nasen und Kiemen, die Ihnen über den Weg laufen.

Nackte Tatsachen

Ich erkannte den Patienten nicht wieder, als er eines Tages in mein Sprechzimmer kam. Statt der üblichen Yul-Brynner-Frisur trug er etwas, das aussah, als sei eine schwarze Katze über seinen Kopf gekrochen und dort vor Schreck gestorben. Die Tatsache, daß sein Bart, bei dem Robinson Crusoe vor Neid erblaßt wäre, feuerrot war, schien ihn nicht zu beunruhigen. »Ich trage eine Perücke«, erklärte er, während ich gerade dabei war, den Tierschutzverein zu verständigen. »Ich habe einen neuen Job bekommen und dachte, ich würde mit vollem Haar jünger wirken.« Wie sich herausstellte, war er wegen eines Rezeptes für ein Haarwuchsmittel gekommen.

Das Haar ist eine eigenartige Sache. Es ist praktisch tot, außer an den Haarbälgen. Dies ist ein glücklicher Zufall, denn sonst müßten Friseure ihre Kunden für einen Haarschnitt in Vollnarkose versetzen. Haare enthalten Farbpigmente

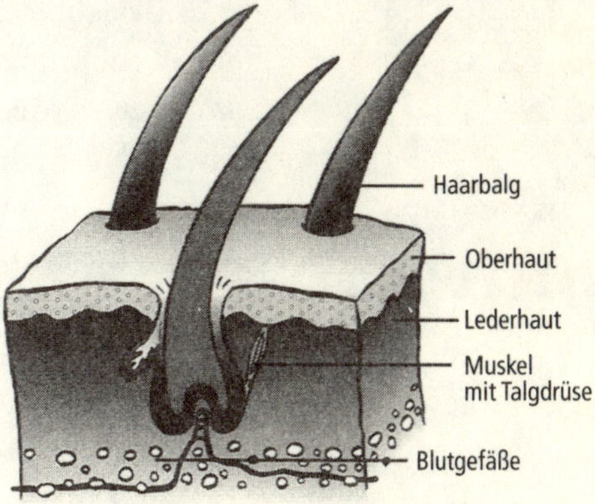

(außer bei Albinos) und manchmal auch Luftbläschen, die ihnen einen silbrigen Glanz verleihen. Der aus der Haut hervorstehende Haarschaft besteht aus veränderten

Hautzellen, die um einen Kern herum zu Säulen angeordnet und mit dünnen, flachen Schuppen bedeckt sind. Die Haarwurzel liegt in einer röhrenförmigen Hautgrube, die Haarbalg oder Follikel genannt wird. Das Haar wächst aus diesem Haarfollikel heraus, wo es auch von Blutgefäßen versorgt wird. Mit jedem Haarbalg verbunden ist ein winziger Muskel, der Arrector pili, der das Haar zu Berge stehen läßt. Die Geschwindigkeit, in der das Haar wächst, hängt von seiner Länge ab und vom Alter seines Besitzers. Kurzes Haar wächst etwa 2 cm pro Monat; ist das Haar 30 cm lang, wächst es nur noch halb so schnell. Am schnellsten wächst es bei Frauen im Alter von 16 bis 24 Jahren. Merkwürdigerweise haben Frauen im Gesicht genauso viele Haarbälge wie Männer. Was ihnen fehlt, ist das Hormon Testosteron, das den Bart erst wachsen läßt.

Die Art des Haarwuchses ist genetisch bedingt. Ostasiatische Männer haben nur wenig Gesichtsbehaarung, während Skandinavier sich durch lange, buschige Bärte auszeichnen. Auch die Form des Haars zählt zu den wichtigsten und eindeutigsten erblichen Merkmalen. Das schwarze, im Querschnitt flache Haar von Afrikanern, Melanesiern und Papuas wächst aus einem gekrümmten Follikel, was zu dem typischen spiralförmig gewundenen Kraushaar führt. Bei Ostasiaten und Indianern sind die Haare dick, gerade und fast immer schwarz. Sie wachsen aus einem geraden Haarbalg und haben einen runden Querschnitt. Auf halbem Weg zwischen dem krausen und dem glatten Haartyp liegt das gewellte Haar von Europäern, Semiten, Indern und den japanischen

Ainus. Es wächst aus einem geraden Haarbalg, neigt jedoch dazu, sich zu locken; im Querschnitt ist es oval, die Farbe reicht von Hellblond über Rot bis hin zu Schwarz.

Die Gesichtsbehaarung hat eine andere Beschaffenheit als das Kopfhaar und reagiert unterschiedlich auf Testosteron. Das Kopfhaar ist feiner und weicher, während Barthaare fast so dick und grob sind wie das Schamhaar. Die Nahtstelle zwischen den beiden Haartypen liegt vor den Ohren; sie ist oft eine Art »Niemandsland«, wo gar kein Haar wächst. Bei blondem Haar ist dies besonders offensichtlich. Die meisten Männern lassen ihr Kopfhaar einfach ein wenig länger wachsen, um diese kahlere Region zu überdecken.

Sie werden Kahlköpfigkeit wohl kaum für eine Krankheit halten, doch einer meiner Patienten starb beinah aus Angst vor Haarausfall. Er denke an Selbstmord, berichtete er, denn bei jedem Blick in den Spiegel sei sein Haaransatz noch weiter zurückgegangen. Solche Ängste sind nicht ungewöhnlich. Der biblische Elisa wußte, wie er mit Kindern umzugehen hatte, die über seine Glatze lachten. Er verfluchte sie im Namen Gottes. Daraufhin »kamen zwei Bären aus dem Walde und zerrissen zweiundvierzig von den Kindern«. Probieren Sie das doch einmal mit Ihren

Kindern, wenn die Sie wieder einmal »Glatzkopf« nennen.

Die meisten Männer scheuen weder Mühe noch Kosten, um sich eine Glatze zu ersparen. So wurde einer der führenden Haarspezialisten Londons einmal von einem Mann aufgesucht, der zur Rettung seines Haupthaares kastriert werden wollte. Für den Fall, daß mich ein Patient um einen solchen Eingriff bitten sollte, habe ich zwei Ziegelsteine in meiner Praxis, obwohl diese drastische Therapie meist unnötig ist.

Haarausfall tritt in verschiedenen Formen auf. Einige werden von der Scherpilzflechte ausgelöst, die mit einer vom Arzt verschriebenen Lotion behandelt werden kann. Bei der Alopecia areata fällt das Haar am ganzen Körper aus, einschließlich der Brauen und Wimpern. Die Ursache ist unbekannt, doch wächst das Haar oft wieder nach. Einer weitverbreiteten Auffassung zufolge kann auch ein großer Schreck zu Haarausfall führen. Glücklicherweise ist das nicht der Fall, sonst würde jeder, der Kinder im Teenageralter hat, nach dem Erhalt seiner Telefonrechnung aussehen wie Kojak.

Chronische Krankheiten und hormonelle Veränderungen können den Haarwuchs ebenfalls beeinflussen. Eine

Chemotherapie führt oft zu Haarausfall; bei Bestrahlungen tritt diese Nebenwirkung kaum auf. In früheren Zeiten behandelte man aber Kopfhauterkrankungen von Kindern, indem man ihren Kopf so lange bestrahlte, bis alle Haare ausgefallen waren und die blanke Haut zur weiteren Therapie freilag. Diese Behandlung war jedoch äußerst gefährlich. Störungen in den Haarschäften und -follikeln können übermäßigen Haarwuchs oder vorzeitigen Haarausfall verursachen. An trockenem oder stumpfem Haar leidet vor allem der, der sich zu häufig eine Dauerwelle legen läßt oder zuviel Shampoo und Haarpflegemittel verwendet, vor allem, wenn diese Alkohol enthalten. Die Ursachen für übermäßigen Haarwuchs sind unbekannt, doch gab es Fälle, bei denen Tumoren der Nebennierenrinde oder Störungen in der Hypophyse, der Schilddrüse, oder den Eierstöcken zu vermehrtem Haarwuchs führten. Für vorzeitiges Ergrauen macht man gemeinhin Angst, Sorgen oder Mangelerkrankungen verantwortlich. Daß täglich einige Haare ausfallen, ist völlig normal; bei Fieber über 39,4° C oder während stark schwächender Krankheiten nimmt dieser gesunde Haarausfall oft beunruhigende Ausmaße an. Daß Sie durch einen Schreck kahlköpfig werden können, ist bislang nicht bewiesen, es sei denn natürlich, Sie tragen eine tote Katze auf dem Kopf.

Die häufigste Form des Haarausfalls ist die männliche Glatze, die durch das Hormon Testosteron verursacht wird. Schon Hippokrates, der griechische Arzt und Philosoph, hatte bemerkt, daß Eunuchen nicht nur hohe Stimmen hatten, sondern auch ihr volles Haupthaar. Schon bei dem Gedanken an eine Kastration steigt meine Stimme um mehrere Oktaven. Da Testosteron in den Hoden produziert wird, ist der Zusammenhang offensichtlich.

Durch die Gene sind die Haarbälge darauf programmiert, auf das Hormon zu reagieren. Waren Ihr Vater und dessen Vater also glatzköpfig, dann können Sie Ihre Achselhaare darauf verwetten, daß Sie dem gleichen Schicksal entgegengehen.

Es gibt drei Möglichkeiten der Therapie: Transplantate, Medikamente und Haarersatz. Perücken kann man inzwischen sogar auf Raten kaufen. Eigenhaarverpflanzungen sind teuer, aber wirksam, jedenfalls solange Sie nichts dagegen haben, wie Elton John auszusehen. Erfolgversprechender ist der Wirkstoff Minoxidil (z. B. Lonolox®), eigentlich ein Medikament zur Behandlung von Bluthochdruck. Die verschreibungspflichtige Substanz läßt verlorenes Haar in bestimmten Fällen wieder nachwachsen, doch muß die Therapie ein Leben lang weitergeführt werden. Tut mir leid, daß ich so offen zu Ihnen bin, aber dies sind nun mal die nackten Tatsachen.

Leber, Nieren und Blutwurst

Einmal kam ein Mann in die Notfallstation, dessen Gesicht so gelb war wie ein Butterblume. »Herr Doktor«, sagte er mit einem breiten, gelben Akzent, »mein Pipi ist neuerdings so gelb.« Ich glaubte ihm. Sogar seine Augen waren gelb. Geraspelt hätte man ihn gut als Safran verwenden können. Der Mann hatte die Gelbsucht, eine Lebererkrankung, die auch Hepatitis genannt wird.

Ohne die Leber würden Zwiebeln nicht so schmecken, wie sie es tun. Dieses größte Organ des Körpers sitzt genau unter dem Brustkorb, und sollten Sie jemals die Möglichkeit haben, als Teil von jemand anderem wiedergeboren zu werden, dann wählen Sie statt der Leber lieber ein Ohr oder die Nase. Als nämlich die verschiedenen Teile des Körpers ihre jeweiligen Aufgaben zugewiesen bekamen, kam die Leber am schlechtesten weg. Sie muß nicht nur die Proteine produzieren, die verhindern, daß das Wasser aus dem Blut in Ihre

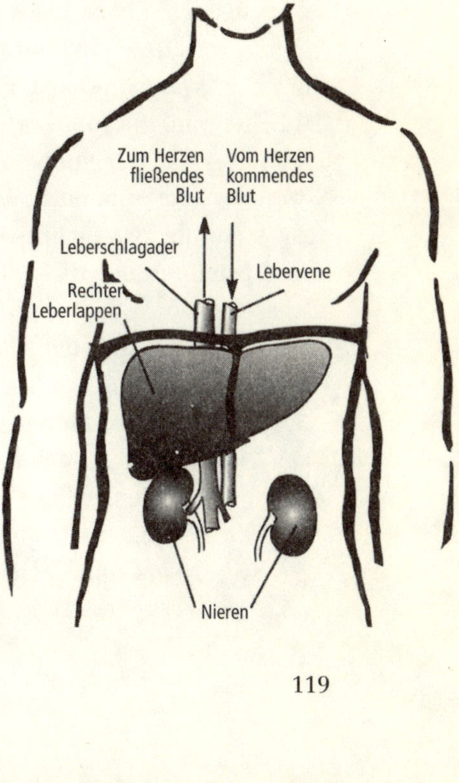

Socken fließt, sondern auch alle Blutgerinnungsfaktoren. Wenn ein Arzt von der »Blutungszeit« spricht, meint er damit die Zeit, die das Blut zur Gerinnung braucht. Leberschäden verlängern diese Blutungszeit. Fehlt einer der Gerinnungsfaktoren, dann hört das Blut gar nicht mehr auf, zu fließen. Menschen, die an der Bluterkrankheit (Hämophilie) leiden, fehlt auf Grund eines genetischen Defekts der Gerinnungsfaktor VIII, was zu qualvollen Dauerblutungen in den Gelenken führt. Der fehlende Faktor läßt sich durch Bluttransfusionen und neuerdings auch durch gentechnische Maßnahmen ersetzen.

Stellen Sie sich einen Komposthaufen vor, und Sie haben schon ein ganz gutes Bild von der Leber. Teebeutel, gemähtes Gras und Pferdeäpfel landen auf dem Haufen und verwandeln sich dort in hervorragenden Dünger. Die Leber muß die vom Körper produzierten Gifte verarbeiten und die abgenutzten Blutkörperchen in etwas Nützliches oder zumindest weniger Schädliches umwandeln. Wenn ihr das nicht gelingt, lagern sich die gelben Blutfarbstoffe in der Haut ab und werden mit dem Urin ausgeschieden.

Auch der Alkohol wird von der Leber abgebaut, was ihr normalerweise keine Mühe macht. Muß sie es jedoch zu oft tun, dann wird sie nach und nach geschädigt. »Sorry«, sagt sie schließlich. »Jetzt mußt du dir leider eine Spenderleber suchen.« Im Gegensatz zum Gehirn kann sich die Leber jedoch regenerieren, wenn sie die Gelegenheit dazu erhält. Einige alkoholfreie Tage pro Woche reichen schon.

Auch Medikamente wie z. B. gewisse Schmerzmittel werden von der Leber entsorgt, doch muß man schon 24 Tabletten in 12 Stunden schlucken, um das Organ irreparabel zu schädigen. Selbst unter normalen Umständen ist der Tod kein freudiges Ereignis; nach einer Paracetamol-Überdosis ist er jedoch besonders qualvoll. Junge Leute inszenieren damit häufig Selbstmordversuche als Hilferuf an ihre Umgebung, ohne sich bewußt zu sein, wie gefährlich diese rezeptfrei erhältliche Arznei eigentlich ist. Legen Sie sich also nur einen kleinen Vorrat davon an, und schließen Sie ihn immer gut weg.

Spendernieren

Ein Patient kam in die Notfallstation und wollte wissen, wer hier für Nierenspenden zuständig sei. »Wissen Sie, Herr Doktor«, sagte er aufgeregt, »ich brauche ganz dringend ein paar Mark und habe darum gedacht, Sie könnten vielleicht eine meiner Nieren gebrauchen.« So großzügige Menschen trifft man selten, nicht wahr?

Die Nieren, die jeweils fast so groß sind wie eine Faust, liegen unterhalb des Brustkorbs zur Rückseite des Körpers hin. Bitten Sie nie einen Boxer, die Lage der Nieren zu zeigen! Sie erfüllen eine Vielzahl von Aufgaben, wie die Ausscheidung überflüssigen Wassers, die Aufrechterhaltung des Gleichgewichts der Salze im Blut, die Bildung von Blutkörperchen und die Regulierung des Blutdrucks. Die meisten Menschen haben zwei Nieren, obwohl es Ihnen in manchen Teilen der Welt geschehen kann, daß

Sie morgens erwachen und nur noch eine haben, während die zweite Niere nun in jemand anderem ihren Dienst tut, und zwar vermutlich in jemandem, der viel Geld hat.

Über den Harnleiter entwässert die Niere in die Blase. Manche Menschen haben mehr als einen Harnleiter pro Niere, doch erfahren sie das meist erst dann, wenn etwas nicht stimmt. Nierenkoliken, die viele für die schlimmsten Schmerzen halten, die es überhaupt gibt, entstehen, wenn sich in der Niere kleine Steinchen bilden, die dann in den Harnleiter wandern und dabei dessen Schleimhautauskleidung reizen. Normale Schmerzmittel helfen hier kaum. Die meisten Nierensteine gehen, ohne größere Schäden anzurichten, auf natürlichem Wege ab, so qualvoll dieser auch sein mag. Je nachdem, wo der Stein genau sitzt, kann es manchmal aber auch notwendig werden, ihn chirurgisch zu entfernen. Nach Injektion eines Kontrastmittels in den Harnleiter läßt sich auf Röntgenbildern ersehen, ob der Stein den Harnabfluß blockiert. Ist dies der Fall, führt man mit Hilfe eines Katheters eine kleine Sonde mit einem Körbchen in den Harnleiter ein, um den Stein damit herauszuziehen. Der Patient ist dabei natürlich unter Narkose. Inzwischen lassen sich manche Steine auch mit Ultraschall zertrümmern. Der Patient sitzt dabei in einer Badewanne, während der Nierenstein dabei mit Ultraschall bestrahlt wird, bis er sich auflöst. Die Methode ist zwar schmerzlos, doch sollten Sie nicht vergessen, hinterher gut aufzuwischen. Bei besonders hartnäckigen Nierensteinen hilft oft nur das gute alte Chirurgenbesteck.

Niereninfektionen können gefährlich sein, doch werden Sie es zum Glück schnell bemerken, daß Ihnen etwas an die Nieren gegangen ist. Das Fieber steigt rasch, der Urin enthält schwärzliche Blutgerinnsel, und ein dumpfer Dauerschmerz quält den unteren Rücken. Hier helfen meist Antibiotika. Ist der Harnleiter so lange blockiert, daß der Urin nicht mehr aus der Niere abfließen kann, kommt es zu einer Harnstauung *(Hydronephrose)*. Die Niere schwillt nach und nach an, bis sie aufhört, zu arbeiten, und der Blutdruck steigt, was auch zur Schädigung der anderen Niere führen kann. Leider wird diese Störung häufig erst erkannt, wenn die Niere bereits geschädigt ist. Um so etwas zu verhindern, sollte man kleine Kinder, die sich eine Harnwegsinfektion zugezogen haben, immer auch darauf untersuchen.

Spendernieren retten Leben. Lassen Sie sich also einen Organspenderausweis ausstellen.

Blutsbrüder

Einmal wurde ein Mann bei uns eingeliefert, der eigentlich hatte Blut spenden wollen. Um sich Mut anzutrinken, hatte er zuvor eine Flasche Whisky getrunken, und als er nun zum Blutspendezentrum torkelte, fiel er in eine Glastür und schnitt sich an beiden Handgelenken die Pulsadern auf. In der Notfallstation mußten wir ihm fast 2 Liter Blut übertragen.

Das Blut ist eine wunderbare Erfindung. Gäbe es kein Blut, würden wir alle aussehen wie Marcel Marceau. Die roten Blutkörperchen *(Erythrozyten),* die den Sauerstoff im Körper verteilen, verleihen dem Blut seine typische

Farbe. Das sauerstoffreiche arterielle Blut ist hellrot, doch verfärbt es sich nach Ablieferung seiner Fracht leicht bläulich, da das Hämoglobin, ein Protein, das den Sauerstoff in den roten Blutkörperchen transportiert, von Kohlenmonoxid besetzt wird. Das giftige Gas läßt das Hämoglobin nicht mehr los, so daß der Körper die Zelle zerstören und aus den Überresten neue Blutkörperchen bilden muß. Beim Rauchen gelangt Kohlenmonoxid in großer Menge ins Blut und behindert dann die Funktion der Muskeln, vor allem der des Herzens. Blutarmut *(Anämie)* ist ein Mangel an roten Blutkörperchen. Umgekehrt kommt es auch vor, daß jemand zu viele Erythrozyten hat: zum Beispiel starke Raucher oder Menschen, die an der glücklicherweise seltenen *Hämochromatose* (Eisenspeicherkrankheit) leiden, die familiär gehäuft auftritt. Das in der Niere gebildete Hormon Erythropoetin regt das Knochenmark zur Produktion der roten Blutkörperchen an. Der Botenstoff läßt sich inzwischen im Labor herstellen. Verliert also jemand aus irgendwelchen Gründen seine Nieren, kann man eine daraus resultierende Blutarmut mit synthetischem Erythropoetin behandeln.

Die ebenfalls im Knochenmark produzierten weißen Blutkörperchen *(Leukozyten)* schützen den Körper vor Infektionen, indem sie bestimmte Moleküle auf der Oberfläche von Bakterien und Viren, die sog. *Antigene*, aufspüren. Kommt ein weißes Blutkörperchen mit einem solchen Molekül in Berührung, löst es die Produktion von Antikörpern aus, die die Eindringlinge zerstören. Bei einer Impfung wird dem Körper vorgegaukelt,

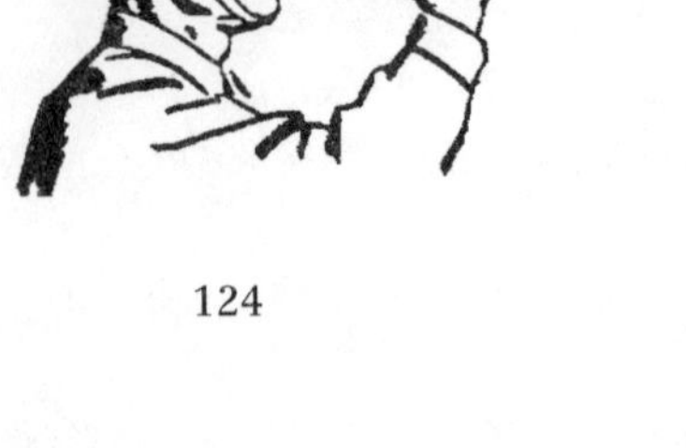

es seien gefährliche Fremdkörper in ihn eingedrungen. »Hallo«, sagt das weiße Blutkörperchen, »dich kenne ich doch!« und bläst sofort zum Angriff. Radioaktivität, HIV-Infektionen und bestimmte Medikamente vermindern die Fähigkeit des Körpers, Krankheiten abzuwehren. Mit Knochenmarkspenden läßt sich in solchen Fällen die Leukozytenproduktion wiederherstellen. Entgegen einer weitverbreiteten Meinung sind Knochenmarkspenden weder qualvoll noch kompliziert. Zahlreiche Menschen verdanken solchen Spenden ihr Leben.

Kleine klebrige Blutkörperchen, die Thrombozyten oder Blutplättchen, bringen Blutungen zum Stillstand, indem sie sich verklumpen und die Wunde damit schließen. Ein Mangel an diesen Zellen oder eine Störung in dem Hormonsystem, das die Blutgerinnung steuert, können zu inneren Blutungen führen.

Überzeugende Argumente gegen das Blutspenden gibt es kaum. Zwar sind Versuche mit künstlichem Blut durchaus vielversprechend verlaufen, doch benötigen die Blutspendedienste noch immer Tausende von Litern pro Woche. Blutspenden rettet Leben.

Das geht unter die Haut

Ein Mann kam in die Notfallstation und verlangte eine Hauttransplantation. Er war mit einem Stück Sandpapier auf seinen Oberarm losgegangen, da dort seine Liebe zu einer gewissen Mary-Jane verewigt war. Nun hatte sich der Mann offenbar in eine andere Frau verliebt, die einfach nur Jane hieß, so daß er versuchte, die in Ungnade gefallene Mary abzuschmirgeln. Das Ergebnis war eine unangenehme Infektion auf der bedauernswerten Mary – die wohl einzige sexuell übertragene Krankheit, die je durch Schmirgelpapier verursacht wurde.

Die Haut verhindert, daß wir in alle Richtungen bluten – ohne sie sähen wir aus wie rohe Hamburger. Die Haut bildet eine schützende Schranke gegen kleine Übeltäter wie Bakterien und besitzt außerdem spezielle Zellen für verschiedene Sinneseindrücke, wie z. B. den Tastsinn. Durch ihre Schweißdrüsen und Blutgefäße hält sie die Körpertemperatur im Gleichgewicht. 1 cm^2 Haut enthält bis zu 70 cm Blutgefäße, die überschüssige Hitze abgeben, indem sie sich erweitern.

Die Haut besteht aus zwei verschiedenen Schichten. Die äußere Schicht, die sog. Oberhaut oder Epidermis, ist mehrere Zellen dick und besitzt mit der Hornhaut eine äußere Schicht toter Zellen, die immer wieder abgeschuppt und durch neue Zellen aus dem darunterliegenden Gewebe ersetzt wird. Wenn Sie ein Zimmer immer

verschlossen halten, sammelt sich dort kein Staub an. Der Grund ist einfach: Hausstaub besteht zum größten Teil aus abgeschuppter menschlicher Haut. Um herauszufinden, wieviel Haut sie täglich verliert, saugte eine Frau ihre Strumpfhose jeden Tag mit dem Staubsauger ab. Nach einem Monat hatte sie so ein Marmeladenglas mit toter Haut gefüllt. Es wird Sie freuen, zu hören, daß sich Hausstaubmilben von diesen Hautschuppen ernähren, um dann mit ihren Ausscheidungen Asthmatikern und Allergikern das Leben zur Hölle zu machen. Mit Spezialfiltern, die auf den Staubsauger aufgesetzt werden, lassen sich die Milben aus dem Teppich herausholen. Saugen Sie Ihre Strumpfhose aber bitte nicht ab, während Sie sie anhaben! Sie wissen doch, wie gerne Nachbarn tratschen, und wenn man Sie dabei ertappen sollte, wie Sie mit einem in ihrer Hose festgesaugten Staubsaugerrohr das Haus verlassen, wird das ganze Viertel begeistert sein.

Die innere Hautschicht, die Dermis oder Lederhaut, besteht aus einem Netz von *Kollagenen* (Bindegewebsproteinen) und elastischen Fasern, Blutgefäßen, Nerven, Fettzellen, Haarbälgen und Schweißdrüsen. Das Kollagen macht die Haut elastisch und wird mit zunehmendem Alter immer steifer, wodurch die Haut schlaff und faltig wird. Die Vitamine A, E und C sollen die Spannkraft der Haut unterstützen. Daß Ihre Haut schlaff geworden ist, merken Sie dann, wenn Sie sich zu schnell umdrehen und auf einmal Ihren Hinterkopf im Auge haben.

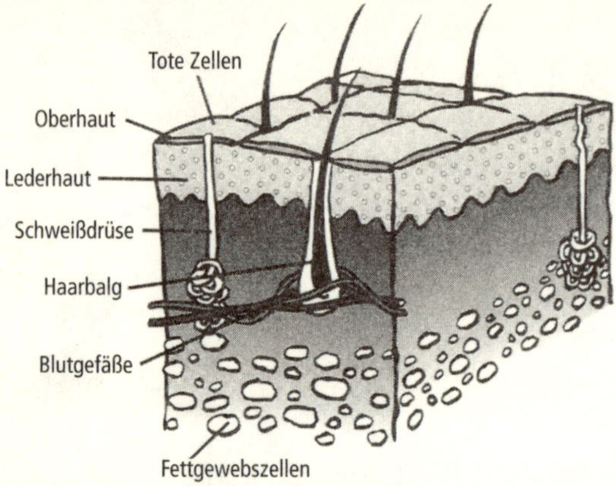

Die Hautfarbe wird von der Anzahl der in den Hautzellen enthaltenen Pigmente bestimmt. Auch bei manchen Krankheiten ändert sich die Hautfarbe, wenn wie etwa bei einer Gelbsucht farbige Substanzen durch das Blut in die Haut gelangen. Erkrankungen der Leber führen häufig zu einer leichten Gelbfärbung, da der sonst von der Leber verarbeitete Blutfarbstoff dann in der Haut abgelagert wird.

Kein Schweiß

Der Anstieg der Körpertemperatur erhöht die Durchblutung der Hautoberfläche. Umgekehrt verengen sich die Blutgefäße der Haut bei niedriger Temperatur, um durch den vermehrten Blutstrom in die inneren Organe ein Absinken der Temperatur im Körperinnern zu verhindern. Gesteuert wird diese Wärmeregulation von einem besonderen Bereich im Gehirn. Drüsen in der Haut sondern Feuchtigkeit ab, durch deren Verdampfung die Körperoberfläche gekühlt wird. Wir vergessen gern, daß die Haut eine Art Müllbeseitigungsmaschine ist und viele Giftstoffe den Körper auf diesem Weg verlassen. Hunde riechen den Unter-

schied zwischen »sauberem« Schweiß und Schweiß, der durch Gifte wie Alkohol verunreinigt ist. Auch Fleischesser und Vegetarier unterscheiden sich im Geruch.

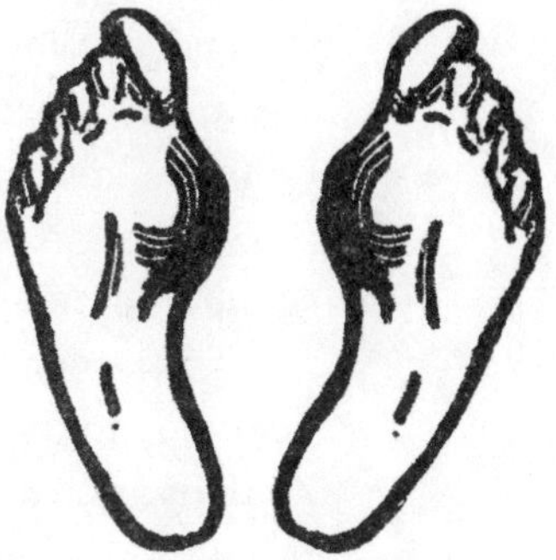

Schweißdrüsen finden sich am ganzen Körper. Handflächen und Fußsohlen enthalten besonders viele, während der Rücken relativ wenig Schweißdrüsen besitzt. Die sackartigen Talgdrüsen sondern den Talg ab, der die Haut weich und geschmeidig macht. Auch die Pheromone, die Sexuallockstoffe, werden vermutlich hier produziert. Warum gerade die Fußsohlen die meisten Talgdrüsen aufweisen, weiß ich beim besten Willen nicht, doch freuen sich Fußfetischisten bestimmt darüber.

Hautkrankheiten

Von innen wie von außen wird die Haut beständig angegriffen. Ein Ekzem ist einfach eine Entzündung der Haut (Dermatitis) als Reaktion auf hautreizende Chemikalien oder Pflanzen wie den Giftsumach *(Toxicodendron)* oder auch als Folge von Blutkrankheiten. Hautinfektionen sind häufig, aber meist nicht gefährlich. Impetigo (Eiterflechte), eine mit Schorf- und Krustenbildung einhergehende bakterielle Hautinfektion, kommt oft in Schulen vor und läßt sich mit Penicillin gut behandeln. Einige Erkrankungen des Körpers wie etwa Masern, Scharlach und Windpocken zeigen sich auf der Haut. Oft ist es gar nicht so einfach, eine solche Kinderkrankheit richtig zu diagnostizieren. Masern beginnen meist hinter den Ohren mit ausgeprägten Flecken, die nach und nach miteinander verschmelzen. Typisch für Scharlach ist ein Ausschlag am ganzen Körper. Auch Windpocken beginnen mit heftig juckenden, über den ganzen Körper verteilten Pusteln. Stoffe, auf die der Körper allergisch reagiert, wie z. B. Proteine, können zu Quaddeln und Nesselsucht (Urtikaria) führen. Auch Fische, Erdbeeren und Bienenstiche können bei überempfindlichen Menschen Hautausschläge hervorrufen. Wir testen unsere Patienten auf solche Allergien, indem wir eine kleine Menge des verdächtigen Proteins auf einen kleinen Kratzer in der Haut setzen. Bilden sich dort Quaddeln, ist der Betroffene gegen den Stoff allergisch. Wegen der Gefahr lebensbedrohender allergischer Schocks werden solche Tests jedoch nicht routinemäßig durchgeführt.

Knoten und Geschwulste

Knoten auf der Haut sind nicht selten. Häufigste Ursache sind Lipome, langsam wachsende Fettgewebsgeschwulste, die die Größe von Erbsen oder gar Tennisbällen erreichen können. Sie sind zwar völlig harmlos, können jedoch lästig werden. Lassen Sie sie von einem Hautarzt entfernen. Knoten am Hals, unter den Achseln oder in der Leistengegend sollten umgehend ärztlich untersucht werden, da durch Infektionen und Tumore die an der Abwehr der jeweiligen Krankheit beteiligten Lymphdrüsen anschwellen können.

An Hautkrebs erkranken und sterben mehr Männer als Frauen. In Großbritannien werden jährlich 50 Neuerkrankungen pro 100 000 Männer gemeldet. Meist handelt es sich um Basalzellen- und Plattenepithelkarzinome, die sehr gut zu behandeln sind. Doch auch das gefährliche Melanom ist auf dem Vormarsch. Daran sind nicht immer ausgedehnte Sonnenbäder schuld, denn schließlich sind auch die Bewohner der Britischen Inseln gefährdet, die nicht gerade für ihr sonniges Klima berühmt sind.

Risikofaktoren

Zu den Faktoren, die das Hautkrebsrisiko erhöhen, zählen vor allem die folgenden:

- Ein Beruf, der mit langen Aufenthalten in der Sonne verbunden ist, wie in der Landwirtschaft, der Fischerei, im Baugewerbe oder bei Botendiensten.
- Eine frühere Hautkrebserkrankung.
- Eine helle Haut, die leicht einen Sonnenbrand bekommt. Bei weißen Männern ist das Risiko wesentlich größer als bei Schwarzen. Dennoch erkranken auch Schwarze an Hautkrebs. Schützen Sie also Ihre Haut, ganz gleich, welche Farbe sie hat.
- Viele Leberflecken und Muttermale, vor allem, wenn sie groß, unregelmäßig geformt und von unterschiedlicher Färbung sind. Selbst helle Leberflecken können entarten. Behalten Sie sie darum immer gut im Auge!
- Ein naher Verwandter, der schon Hautkrebs hatte, wie Vater, Bruder, Mutter oder Schwester. Möglicherweise gibt es eine genetische Neigung dazu.

Gefahr durch Leberflecken

Wenn ein Leberfleck oder Muttermal seine Form oder Farbe ändert oder zu bluten beginnt, muß sofort der Arzt konsultiert werden, denn dies sind typische Anzeichen eines Melanoms. Bei rechtzeitiger Diagnose kann dieser Krebs jedoch erfolgreich behandelt werden. In Australien haben Früherkennungskampagnen das Leben Tausender Männer und Frauen gerettet. Auch der hartnäckige Knoten auf der Unterlippe, der Stirn oder dem Ohr sollte vom Arzt untersucht werden, denn es kann sich um ein Basalzellen- oder Plattenepithelkarzinom handeln. Der Arzt wird den Knoten dann chirurgisch entfernen. Wenn das Karzinom frühzeitig entdeckt wird, versagt diese Therapie nie. Zögern Sie also nicht, zum Arzt zu gehen, wenn Ihnen ein Fleck oder ein Knoten verdächtig erscheint.

Vorbeugung

Hautkrebs ist weder unvermeidbar noch selten. Die Vorbeugung ist nicht schwer:

- Verwenden Sie bei starkem Sonnenlicht immer ein Sonnenschutzmittel mit hohem Lichtschutzfaktor. Man muß nicht im sonnigen Spanien sein, um eine Überdosis Sonne abzukriegen. Selbst bei einem Urlaub auf den Britischen Inseln kann man einen Sonnenbrand bekommen, der die Haut schwer schädigt.
- Schützen Sie Kopf und Gesicht, wenn Sie in der Sonne arbeiten: Tragen Sie einen Hut mit breiter Krempe.
- Seien Sie hautbewußt. Betrachten Sie regelmäßig Ihre

Haut, und vergessen Sie auch nicht den Rücken – lassen Sie ihn von jemand anderem untersuchen, oder nehmen Sie einen Handspiegel.

- Beobachten Sie Ihre Muttermale und Leberflecken sorgfältig, und gehen Sie sofort zum Arzt, wenn sie Farbe oder Gestalt ändern, größer werden, bluten oder schmerzen.

Von der Sonne verwöhnt

Manche Männer halten eine tiefbraune Haut für einen Gewinn. »Ehrlich gesagt, es gefiel mir, nach einem Arbeitstag in der Sonne braungebrannt nach Hause zu kommen«, erzählte ein junger Mann in der Notfallstation. »Ich habe mich dabei gesünder gefühlt. Es war meine Freundin, die den Fleck auf meinem Rücken entdeckte. Er war zu einem großen Knoten herangewachsen, der jedesmal, wenn ich mein Hemd auszog, blutete.« Von den häufigen Aufenthalten in der Sonne hatte er ein Melanom bekommen. Zum Glück wurde es rechzeitig entdeckt, so daß der Patient überlebte. Seine Haut gegen die Sonne zu schützen ist also mehr als ratsam.

Hautlappenplastik

Ein Sonnenbrand kann große Hautflächen zerstören, und der einzige Weg, dies wieder zu reparieren, ist eine Hautlappenplastik. Aus einem gesunden Teil des Körpers (dem Spendebereich) wird ein Stück Haut – Oberhaut oder Ober- und Unterhaut, manchmal auch mit Muskel- und

Knochengewebe – herausgeschnitten und auf die rohe Oberfläche (den Empfangsbereich) gesetzt, wo der Hautlappen haftenbleibt, bis er mit der umgebenden Haut zusammengewachsen ist und die ganze Fläche bedeckt.

Honig auf die Wunde

Ein junger Mann kam in die Unfallstation mit einer bösen Schnittwunde im Gesicht. »Machen Sie sich keine Sorgen«, beruhigte ich ihn. »Wir nähen das mit einer besonderen Technik zusammen, bei der anschließend nicht einmal eine Narbe zu sehen ist.« »Aber Herr Doktor«, sagte er empört. »Können Sie es denn nicht so machen, daß es richtig schauerlich aussieht?« Ich widerstand der Versuchung, seine Oberlippe ans Augenlid zu nähen.

Eine Schnitt- oder Schürfwunde kann gefährlich werden. Erdboden und Autos sind mit Tetanuserregern übersät. Versäumen Sie es also nicht, Ihren Impfschutz rechtzeitig auffrischen zu lassen, vor allem, wenn Sie Landwirt oder Mechaniker sind. Der Bazillus löst den tödlichen Wundstarrkrampf aus, der sich nach und nach bis zum Gehirn ausbreitet. Ist der Kiefer erst einmal steif, bleibt kaum noch Zeit, ein letztes Mahl zu bestellen.

Eine Wunde, die nicht richtig gesäubert wird, kann sich leicht infizieren. Es ist nicht nötig, Antiseptika, Bleichmittel oder Whisky zu verwenden. Leitungswasser reinigt Wunden ebensogut, ohne die nützliche Bakterienflora der Haut abzutöten, die eine Infektion durch weniger wohlgesinnte Erreger verhindert. Wenn Sie sich weit entfernt vom nächsten Krankenhaus verletzen, dann geben Sie eine große Portion Zucker auf die Wunde. Auch Zucker tötet Bakterien, gibt Ihrem Tee jedoch bei Wiederverwendung eine etwas eigene Geschmacksnote. Die alten Griechen nahmen zu diesem Zweck Honig. Interessanterweise überlebten Soldaten, die man einige Tage auf dem Schlachtfeld liegen ließ, oft besser als die, die man sofort ins Lazarett schaffte. Maden verzehrten nämlich das tote Fleisch und verhinderten so Wundbrand.

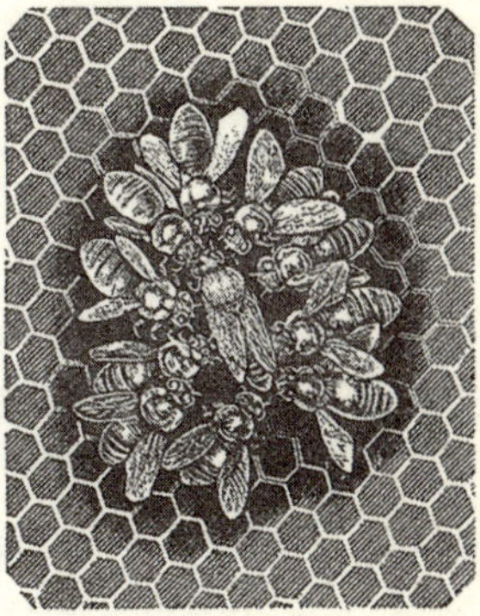

Zur Verhütung von Infektionen und zum Stillen der Blutung ist es wichtig, die Wunde zu schließen. Ein Schnitt am Kopf kann sehr eindrucksvoll bluten. Früher nähte man solche Wunden mit Seide, doch würden Sie heute die Notfallstation wohl eher mit einer Reihe rostfreier Stahlklammern im Kopf verlassen. Bei Kindern wird oft ein spezieller Klebstoff verwendet, der die Wunde schnell und schmerzlos schließt. Geben Sie acht, wenn Sie den Klebstoff auf Haare auftragen! Ich mußte mir einmal ein kleines Kind von den Fingern schneiden.

Ein Sturz auf einer schmutzigen Straße verletzt die Haut nicht nur, sondern imprägniert sie auch mit Kies und Dreck. Wenn die Wunde dann nicht gründlich gesäubert wird, bleibt eine dauerhafte »Tätowierung« zurück. Bißwunden von Hunden und vor allem auch von Menschen lassen sich nicht völlig zunähen, da auf den Zähnen gefährliche Erreger sitzen, die sonst unter die Haut geraten und eine tiefsitzende Infektion auslösen würden. Führen Sie also immer eine Zahnbürste mit sich für den Fall, daß ein Rottweiler Ihnen das Bein abbeißen will.

Eine Warze kommt selten allein

Die gemeine Warze wird von Papilloma-Viren verursacht. Dieser Virus dringt in Hautzellen ein und beansprucht dort Wohnrecht, indem er die Zelle zu einer Wohngemeinschaft überredet. »Hallo, alter Freund«, sagt der Virus. »Werde lebendig, werde wirklich, werde eine Warze!« Nur wenige Zellen können diesem Angebot widerstehen. Das Ergebnis sind Warzen, die überall wuchern.

Warzen sind ansteckend, jedoch bei weitem nicht so stark, wie man früher glaubte. Sie sind auch kein Hinweis auf mangelnde Reinlichkeit, sondern finden sich bei fast allen Menschen und können sich überall auf der Haut bilden. Manche Warzen wachsen auch nach innen.

Die Behandlung ist seit Jahren die gleiche. Warzen entfernt man mit flüssigem Stickstoff oder brennt sie mit einer Art teurem Lötkolben ab. Die meisten Lotionen enthalten Salizylsäure, die die Haut angreift. Achten Sie also beim Auftragen darauf, daß nichts davon auf gesunde Haut gelangt, oder verwenden Sie ein Warzenpflaster. Auch mit Silbernitrat lassen sich Warzen sehr erfolgreich abbrennen, doch kann dabei auch die umgebende Haut geschädigt werden. Auf der Penishaut können sich übrigens auch Warzen bilden. Sie sollten nur von Ihrem Arzt oder einer urologischen Klinik entfernt werden.

Es gibt Hinweise darauf, daß Warzen einen natürlichen Lebenszyklus haben und schließlich von selbst verschwinden. Meine eigene Erfahrung ist jedoch die, daß sie die Wohnung oft erst nach eindringlicher Überredung räumen. Fragen Sie Ihren Arzt, und lassen Sie kleine Warzen am besten entfernen, bevor sie groß und häßlich

werden. Kinder kennen oft keine Gnade, wenn es darum geht, andere Kinder wegen ihrer Warzen zu hänseln. Bei Mitternacht auf dem Friedhof eine schwarze Katze um seinen Kopf zu schwingen ist übrigens völlig wirkungslos. Ich bekam dadurch einmal furchtbare Probleme mit dem Tierschutzverein.

Gefährliche Begegnungen – Geschlechtskrankheiten

In früheren Zeiten gab es genau zwei Geschlechtskrankheiten: Syphilis und Tripper (Gonorrhö). Dank der medizinischen Fortschritte können Sie sich heute aber eine Vielzahl weiterer Krankheiten beim Geschlechtsverkehr zuziehen, und wie üblich ist das Risiko für Männer größer als für Frauen. Dazu kommt, daß sich die Zahl der an solchen Infektionen erkrankten Männer seit 1975 vervierfacht hat; für Großbritannien rechnet man mit 35 000 Neuerkrankungen pro Jahr. Diese Zahl umfaßt jedoch nur die Patienten, die einen Facharzt aufsuchen, also nicht die, die vom Hausarzt behandelt werden. Die Dunkelziffer mag um ein Vielfaches größer sein, da viele Betroffene beschwerdefrei sind und von ihrer Infektion nichts ahnen. Zum Glück sind nicht alle Geschlechtskrankheiten gefährlich, doch einige verlaufen unweigerlich tödlich. Trotz aller Aufklärungskampagnen ist die Verwendung von Kondomen – nur sie bieten einen fast hundertprozentigen Schutz gegen die tödlichen Infektionen – immer noch nicht zur Selbstverständlichkeit geworden.

Falsche Vorstellungen

Nichts bringt soviel Mißtrauen und Zerwürfnis in eine feste Beziehung wie das unerwartete Auftreten einer Geschlechtskrankheit. Es kann schwierig sein, die Partnerin oder den Partner davon zu überzeugen, daß man nicht untreu sein muß, um einen Tripper zu bekommen. Ein gutes Beispiel dafür ist die Candidiasis, eine Hefepilz-Infektion, die entweder duch Geschlechtsverkehr übertragen wird oder sich von selbst entwickelt, wie oft nach längerer Einnahme von Antibiotika. Zur Bekämpfung der Infektion müssen beide Partner behandelt werden. Viele andere Geschlechtskrankheiten bleiben zunächst unerkannt, da sie keine Beschwerden machen, um dann nach Jahren auszubrechen.

Ganz im Vertrauen

Einige Krankheiten sind sozial besser angesehen als andere. Geschlechtskrankheiten zählen für die meisten Menschen zur zweiten Kategorie. Die Ironie dabei ist, daß Geschlechtskrankheiten weit verbreitet sind – die meisten sexuell aktiven Männer hatten schon einmal einen sexuell übertragenen Erreger, ohne sich dessen bewußt zu sein. Obwohl solche Infektionen also genauso alltäglich sind wie jede andere Krankheit, verlangen die Betroffenen zu Recht, daß das Thema absolut vertraulich behandelt wird. In Deutschland verpflichtet das Strafgesetzbuch (§ 300) Ärzte, Apotheker und ärztliches Hilfspersonal zur Verschwiegenheit über alles, was Ihnen bei der Ausübung ihres Berufs bekannt wird. Der Arzt darf also weder Ihre Angehörigen noch Ihren Arbeitgeber oder die Polizei von Ihrer Krankheit informieren. Das gilt auch dann, wenn der Patient min-

derjährig ist. Wenn Sie trotzdem nicht wollen, daß Ihr Hausarzt von Ihrer Infektion erfährt, dann gehen Sie zu einem Facharzt für Haut- und Geschlechtskrankheiten. Ihrem Partner sollten Sie aber auf jeden Fall von der Erkrankung berichten, damit er ebenfalls behandelt wird und die Infektion nicht noch weiter verbreitet.

HIV und Aids

Wohl kaum eine Krankheit hat so viele irrationale Ängste geweckt und die nur oberflächlich verschleierten Vorurteile unserer Gesellschaft so sehr entlarvt wie das »erworbene Immunschwächesyndrom«, besser bekannt unter seiner englischen Abkürzung AIDS (Acquired Immune Deficency Syndrome). Durch eine Infektion mit dem HIV-Virus (engl. Abk. für »menschlicher Immunschwächevirus«) verringert sich die Zahl der weißen Blutkörperchen des Rezeptortyps CD4, was zu einer Schwächung der körpereigenen Infektionsabwehr führt. Man schätzt, daß weltweit mindestens 13 Millionen Menschen mit dem HIV-Virus infiziert sind. In Großbritannien trat der Erreger erstmals 1982 auf. Heute werden dort jährlich 4000 Neuerkrankungen gemeldet, doch ist die Dunkelziffer vermutlich zehnmal so hoch. Die Anzahl der Neuerkrankten war dort 1997 etwa dieselbe wie 1990. In der Schweiz hingegen gingen die Neuerkrankungen in diesem Zeitraum massiv zurück. Das britische Gesundheitsministerium rechnet damit, daß Aids schon in naher Zukunft bei Menschen unter 65 zur dritthäufigsten Todesursache wird. Auch wenn die Boulevardpresse, der es natürlich mehr um Verkaufszahlen als um Fakten geht, es gelegentlich anders darstellt, beschränkt sich Aids nicht auf schwule Männer. Statt dessen ist die Krankheit vor allem unter Heterosexuellen und unter Drogenabhängigen auf dem Vormarsch.

Symptome wie die Spitze des Eisbergs

Im Anfangsstadium wird die Infektion meist nicht bemerkt. Der Virus läßt sich im Körper nur nachweisen, indem man Blut oder Speichel des Betroffenen auf Antikörper untersucht, doch dauert es nach der Infektion oft Monate, bis sich die Antikörper gebildet haben. Serokonversion nennen die Mediziner das Phänomen. Sechs bis sieben Wochen nach der Infektion kommt es oft zu unspezifischen Beschwerden, die einer Erkältung oder einem Drüsenfieber ähneln und nach ein paar Tagen wieder abklingen. Der Patient ist dann für einen langen Zeitraum, oft für Jahre, völlig symptomfrei. Das Auftreten von Mundsoor (Candidiasis), hartnäckigem Lippenherpes oder merkwürdigen Bronchialinfekten, die sich trotz Behandlung nur sehr langsam bessern, sind erste bedrohliche Anzeichen dafür, daß die Fähigkeit des Körpers, Infektionen abzuwehren, schwindet.

Wie man es kriegt

Als Virusüberträger werden immer wieder Körperflüssigkeiten genannt, doch sind nur Blut, Sperma und Speichel gefährlich. Beim Speichel ist das Ansteckungsrisiko minimal; dennoch sollte man Risiken wie ungeschützten Oralverkehr vermeiden. Die wichtigsten Übertragungswege sind:

- Sexuelle Übertragung durch Blut aus kleinen Wunden im Mund, in der Vagina, im After oder im Penis. Das Risiko besteht für heterosexuelle Männer genauso wie für schwule.
- Bluttransfusionen in Ländern mit schlechtem medizinischem Standard sind noch immer gefährlich. Fragen Sie Ihren Arzt, ob Sie auf Reisen dorthin nicht Eigenblut mitnehmen können.
- Die gemeinsame Verwendung von Nadeln (Injektionen), Rasierklingen und sogar Zahnbürsten – viele Menschen leiden unter Zahnfleischbluten.

Der Weltgesundheitsorganisation zufolge haben sich 90 Prozent aller HIV-Infizierten auf der Welt durch heterosexuellen Verkehr angesteckt. Kondome und Pessare, vor allem solche, die das Spermizid Non-oxynol-9 enthalten, schützen Sie und Ihren Partner recht zuverlässig. Nehmen Sie jedoch stärkere Kondome.

Zwar sind beim Geschlechtsverkehr oft zusätzliche Gleitmittel nötig, doch sollten Sie fetthaltige Präparate wie Vaseline, Babyöl, Margarine oder Butter nicht verwenden, da sie das Kondom beschädigen. Nehmen Sie Gleitmittel auf Wassergrundlage. Wenn Sie sich nicht sicher sind, fragen Sie den Apotheker; er verkauft Tausende solcher Artikel und wird Ihnen gern behilflich sein.

Weitere Informationen finden Sie auf Seite 218–221 unter »Leben mit HIV«.

Weitere sexuell übertragbare Krankheiten

Hepatitis B

Gegen die gefährliche Hepatitis B gibt es mittlerweile einen Impfschutz. Dennoch steigt die Zahl der Infektionen in Großbritannien weiter an; pro Jahr erkranken etwa 700 Männer. Die Folgen der Erkrankung reichen von grippeähnlichen Symptomen bis hin zur völligen Zerstörung der Leber. Sie geht normalerweise mit verschiedenen Formen von Gelbsucht einher – also der Gelbfärbung von Haut und Augen, die durch Ablagerung eines sonst von der Leber verarbeiteten Pigments entsteht.

Die meisten Männer brauchen keinen Impfschutz. Je nach Lebensstil empfiehlt es sich jedoch, mit dem Arzt zu sprechen. Die Übertragung erfolgt genauso wie beim HIV-Virus über Körperflüssigkeiten, doch gibt es Hinweise darauf, daß man sich mit Hepatitis B leichter infiziert als mit HIV. Zur Übertragung des Virus genügt nämlich schon ein winziger Bruchteil eines Blutstropfens, weshalb man sich durch Küssen oder die gemeinsame Verwendung einer Zahnbürste anstecken kann, wenn der Überträger an Zahnfleischbluten leidet. Außerhalb des Körpers kann der Virus zudem bis zu einer Woche überleben, so daß man sich z. B. auch durch eine Rasierklinge anstecken kann. Wie bei einer HIV-Infektion sieht man es dem Partner nicht an, ob er mit dem Hepatitis-B-Virus infiziert ist, denn die Inkubationszeit (der Zeitraum von der Ansteckung bis zum Ausbruch der Krankheit)

beträgt sechs Monate. Manche Menschen tragen den Virus in sich, ohne irgendwelche Symptome zu zeigen. Gewißheit verschafft einzig und allein ein Bluttest.

Genitalherpes

Diese dritthäufigste Geschlechtskrankheit befällt jedes Jahr etwa 12 000 britische Männer, wobei die Zahl jedoch stetig zunimmt. Viele Menschen glauben, Herpes sei unheilbar, doch treten die Bläschen bei jedem zweiten Betroffenen nur ein einziges Mal auf und kehren nach dem Abheilen nicht wieder. Dennoch ist es unmöglich, den Herpes-simplex-Virus wieder ganz loszuwerden. Der Erreger tritt in zwei Formen auf, HSV I und HSV II. Beide infizieren dieselben Körperteile, wobei sie jene Stellen bevorzugen, an denen zwei Arten Haut aufeinandertreffen. Die Mundwinkel, die äußeren Bereiche der Genitalien und sogar der After können von beiden Virustypen infiziert werden, wenngleich HSV II gefährlicher ist, denn er befällt zuweilen das Gehirn, wo er dann eine Art Hirnhautentzündung auslöst. Glücklicherweise ist diese Komplikation selten.

Bei beiden Virustypen bilden sich erst verkrustete Bläschen und dann Hautgeschwüre, die eine dünne, wässerige Substanz absondern. Diese ist hochinfektiös, da sie den Virus enthält, der die Beschwerden verursacht. Die Krankheit verläuft in Schüben, wobei ein Ausbruch mehrere Monate anhalten kann, bis die Beschwerden wieder für Jahre oder für immer verschwinden. Manche Betroffene sind sich ihrer Infektion gar nicht bewußt, da ihnen die winzigen Geschwüre am Penis z. B. nicht auffallen. Selbst ohne Symptome kann ein Virusträger jedoch andere anstecken. Die Erkrankung bricht häufig dann aus, wenn der Infizierte unter Streß steht oder an einer anderen Krankheit leidet.

Therapie

Der Wirkstoff Aciclovir wird eingenommen oder auf die erkrankten Stellen aufgetragen. Das Medikament ist vor allem dann wirksam, wenn die Bläschen noch nicht aufgeplatzt sind, was sich durch schmerzhaftes Kribbeln und Jucken in dem befallenen Bereich ankündigt. Aciclovir bekämpft zwar die Symptome, doch kann es den Virus selbst nicht vernichten, so daß die Arznei bei jedem neuen Ausbruch wieder benötigt wird. Wenn Sie Symptome haben, müssen Sie Ihr Liebesleben entsprechend organisieren, da Sie dann hochinfektiös sind. Kondome mit einem Spermizid bieten offenbar einen besseren Schutz als gewöhnliche Kondome.

Feigwarzen (Kondylome)

Der Warzen hervorrufende Papillomavirus kann jeden Teil der Haut befallen und wird durch Körperkontakt übertragen, also auch durch Geschlechtsverkehr. Wie auf den Händen treten Warzen auch am Penis in allen Größen auf, vom winzigen Hautknötchen bis zu großen, blumenkohlartigen Wucherungen. Während man letztere wohl kaum übersieht, läßt sich bei unauffälligen kleinen Warzen eine Infektion des Partners nur dadurch verhindern, daß man den betroffenen Bereich völlig abdeckt. In Großbritannien, wo jeder achte Patient, der einen Facharzt für Geschlechtskrankheiten aufsucht, an Feigwarzen leidet, werden jedes Jahr 50 000 Männer wegen dieser Hautwucherungen behandelt. Eine wesentlich größere Dunkelziffer lebt einfach damit. Feigwarzen bereiten meist nur wenig Beschwerden, obwohl sie häufig jucken und bei Reizung auch bluten. Ob sie bei Frauen Gebärmutterhalskrebs und bei Frauen wie schwulen Männern Mastdarmkrebs mit verursachen können, ist noch nicht gesichert.

Therapie
Es gibt Medikamente, die man direkt auf die Warzen aufträgt, wodurch diese verschwinden. Flüssiger Stickstoff wird heute nur noch selten verwendet, da er an empfindlichen Stellen zu anhaltenden brennenden Schmerzen führen kann. Kondome schützen vor einer Ansteckung.

Syphilis
In England hieß diese Infektionskrankheit früher »französische Pocken«. Es war also nur recht und billig, daß die Franzosen sie »englische Pocken« nannten. Zwar ist die Syphilis eine lebensgefährliche Krankheit, doch ist sie heute selten geworden. Verursacht wird sie von den hochinfektiösen Treponema-Bakterien (Spirochäten). Die meisten Betroffenen merken nicht, daß sie infiziert sind, denn außer einem schmerzlosen kleinen Geschwür am Penis, das sich 2–3 Wochen nach der Ansteckung bildet, haben sie keine Beschwerden. Das Geschwür verschwindet wieder, was die rechtzeitige Diagnose noch weiter erschwert, denn als einziges Symptom bleibt dann bestenfalls ein leichter Hautausschlag am ganzen Körper. Wird die Infektion aber nicht behandelt, entwickelt sie sich im Lauf der Jahre zu einer gefährlichen Erkrankung, die mögli-

cherweise auch das Gehirn angreift. Frauen zeigen außer kleinen Geschwüren in der Vaginalgegend meist keine Anzeichen der Krankheit, so daß sie leicht den Partner infizieren. Kondome bieten einen nahezu hundertprozentigen Schutz, da der Erreger nicht hindurchdringen kann.

Therapie
Zahllos sind die Horrorgeschichten über Männer, denen Penicillin direkt in den Penis gespritzt worden sein soll. In Wirklichkeit läßt sich Penicillin in jeden Körperteil injizieren. Bei Syphilis verabreicht man eine einzige hohe Dosis, durch die die Krankheit, wenn sie rechtzeitig erkannt wurde, für immer verschwindet.

Chlamydien
Unspezifische Harnröhrenentzündung ist ein weitgefaßter Begriff, der Chlamydieninfektionen mit einschließt. Männer, die daran erkranken, klagen über heftiges Brennen beim Wasserlassen, manchmal auch über weißlichen Ausfluß. Andere Beschwerden verursachen die Erreger bei Männern kaum, doch kann die Infizierung einer Frau verheerende Folgen haben. Nicht nur sind Chlamydien die häufigste Ursache von Eileiterentzündungen (Salpingitis) mit nachfolgender Unfruchtbarkeit und Eileiterschwangerschaft (eine lebensgefährliche Komplikation, bei der sich das Ei nicht in der Gebärmutter, sondern im Eileiter einnistet), sie führen auch zu Blindheit und Lungenentzündung bei Kindern, deren Mütter während der Schwangerschaft infiziert waren. Weltweit gesehen, ist dies eine der Hauptursachen von Blindheit bei Kindern, doch treten solche ernsten Komplikationen bei uns zum Glück nur noch selten auf.

Therapie

Heftiges Brennen beim Wasserlassen sollte ärztlich untersucht werden, da sich Chlamydien mit Antibiotika hervorragend behandeln lassen.

Trichomoniasis

Die mikroskopisch kleinen Trichomonas-Parasiten siedeln sich in den Harnwegen an und führen zu gelblichgrünem Ausfluß und Schmerzen beim Wasserlassen. Manchmal verläuft die Infektion auch völlig beschwerdefrei. Häufig zeigt der Mann keine Symptome, während die Partnerin über übelriechenden Vaginalausfluß klagt. Eine Untersuchung ergibt dann oft, daß der Mann ebenfalls infiziert ist.

Therapie

Der Parasit läßt sich mit dem häufig verwendeten Antibiotikum Metronidazol (z. B. Clont®) behandeln. Dieses ist mit einem Medikament verwandt, mit dem man früher Alkoholiker behandelte, da es bei gleichzeitigem Alkoholkonsum zu Übelkeit, Erbrechen und Verwirrtheitszuständen führt. Auch bei Metronidazol kann dies geschehen. Unter Antibiotika sollte man Alkohol immer meiden; die Kombination mit Metronidazol kann gefährliche Folgen haben.

Gonorrhö (Tripper)

Die von Bakterien verursachte Gonorrhö wird häufig falsch diagnostiziert, da sie oft kaum Beschwerden hervorruft. Selten ist die Krankheit nicht, infizieren sich doch allein in Großbritannien jedes Jahr etwa 7500 Männer. Zu den Symptomen, die 3–5 Tage nach der Infektion erstmalig auftreten, zählen ein gelblich-weißer Ausfluß aus der Harnröhre (bei analer Infektion auch aus dem After), Schmerzen beim Wasserlassen und Muskel- und Gelenkschmerzen. Obwohl diese Beschwerden nach weiteren zehn Tagen oft wieder abklingen, bleibt der Kranke infektiös. Bei Frauen kann ein unbehandelter Tripper zu Unfruchtbarkeit führen.

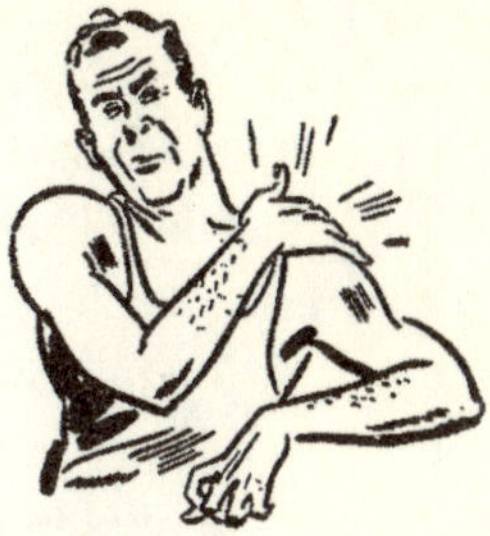

Therapie
Gewöhnlich helfen Antibiotika. Kondome gewähren einen nahezu hundertprozentigen Schutz vor der Infektion.

Candidiasis (Soor, Kandidamykose)
Entgegen einer weitverbreiteten Meinung kann der Hefepilz Candida albicans auch Männer befallen. Als Geschlechtskrankheit tritt die Infektion häufig bei Paaren auf, die außerhalb ihrer Beziehung keine Sexualkontakte unterhalten. Symptome in Form von cremigem Ausfluß und heftigem Juckreiz zeigen sich meist nur bei der Frau, die sich dann ärztlich behandeln läßt, um kurz darauf schon wieder zu erkranken. Männer hingegen haben oft keine Ahnung, daß sie infiziert sind, so daß sie den Erreger immer wieder von neuem an die Partnerin weitergeben. Beim Mann führt der Pilz gelegentlich zu weißlichem Ausfluß unter der Vorhaut und zu einer leichten Reizung der Eichel, die sich beim Wasserlassen verschlimmert. Manchmal bilden sich auf der Eichel auch rötliche Flecken.

Therapie

Mit Pilzmitteln (Antimykotika), die eingenommen oder äußerlich aufgetragen werden, läßt sich eine Candida-Infektion gut behandeln. Der Pilz neigt jedoch dazu, immer wieder aufzutreten, vor allem wenn längere Antibiotikabehandlungen die nützliche Bakterienflora des Körpers aus dem Gleichgewicht bringen.

Filzläuse

Beim Lesen dieses Abschnitts fangen Sie bestimmt an, sich zu kratzen. In Großbritannien kratzen sich jährlich 5000 Männer aus dem gleichen Grund. Die winzigen gelbgrauen Parasiten hängen sich an die Schamhaare und saugen Blut aus der Haut, in die sie sich mit ihren Fußklauen hineinbohren, was zu heftigem Juckreiz führt. Filzläuse leben nur zehn Tage, doch legt das Weibchen in dieser Zeit 3–4 Eier (Nissen) auf die Schamhaare, die die Population weiter vermehren. Sie sind eng verwandt mit den Kopfläusen und werden in genau der gleichen Weise behandelt. Filzläuse werden durch engen Körperkontakt, meist Geschlechtsverkehr, weitergegeben, doch auch durch infizierte Bettlaken und Handtücher kann man sie bekommen. Obwohl schon der bloße Gedanke daran die meisten Menschen zum Schaudern bringt, sind sie in Wirklichkeit ziemlich harmlos, außer wenn sie gefährlichere Organismen übertragen, wie z. B. Bakterien, die Abszesse auslösen.

Therapie

Beide Partner und ihre Haushaltsangehörigen sollten mit einer Lotion behandelt werden. Fragen Sie Ihren Arzt, welches Mittel er empfiehlt. Es ist nicht nötig, die Schamhaare abzurasieren. Waschen Sie jedoch Bettwäsche und Kleider sorgfältig, und behandeln Sie notfalls auch die Matratzen, denn für eine erneute Ausbreitung der Blutsauger genügen schon einige wenige überlebende Filzläuse.

Der aufrechte Stand

Einmal kam ein Mann in meine Praxis und erzählte, er habe Probleme, ihn hochzukriegen. Er war ein wenig überrascht, als ich ihn bat, die Hose zu öffnen. Er hatte nämlich von seinem schmerzenden Arm gesprochen, der ihm das Golfspielen sehr erschwerte.

Die Gesellschaft hält die Größe des männlichen Gliedes für ziemlich wichtig. Während das Organ im Reich der Tiere in den unterschiedlichsten Größen vorkommt, stehen unter den Primaten die Menschen ganz oben auf der Liste.

Der Penis scheint auch einen unverhältnismäßig großen Einfluß auf das Alltagsleben dieser Spezies auszuüben, denn nur wenige andere Tiere räumen dem Sex einen so wichtigen Platz ein, es sei denn als Mittel zur Fortpflanzung. Die Rolle des Penis ist vielschichtig und geht über die reine Weitergabe von Sperma an die Frau und das Ausscheiden von Urin hinaus. Während des Vietnamkriegs erwog der amerikanische Geheimdienst CIA allen Ernstes, dort überdimensionale Kondome zu verbreiten, um den Feind von der Potenz der amerikanischen Truppen zu überzeugen.

Durchschnittsgrößen

Zwar übertreiben Männer gerne, doch ist der menschliche Penis im Durchschnitt 7,5 cm bis 15 cm lang. Durch eine Operation läßt er sich um bis zu 50 Prozent verlängern, da fast die Hälfte seines Gewebes im Körperinneren verborgen liegt. Indem man die Bänder, mit denen der Penis am Schambein verankert ist, durchtrennt, kann man das Glied in seiner ganzen Länge freilegen. Die einzige ernstere Nebenwirkung ist eine Änderung des »Erektionswinkels«. Statt dem steil nach oben ragenden Phallus streckt er sich nun in die Waagerechte, was das sexuelle Vergnügen jedoch nicht unbedingt negativ beeinflußt. Zahllose Studien haben jedoch gezeigt, daß die Länge des Glieds bei der Lust der Frau oder des Mannes praktisch keine Rolle spielt.

Ohne Knochen

Im Gegensatz zu anderen Säugetieren hat der Penis beim Menschen keinen Knochen. Er funktioniert durch hydraulischen Druck. Wenn man einen Ballon mit Wasser füllt, wird er steif. Nach dem gleichen Prinzip arbeitet der Penis, nur daß er als »Steifungsmittel« Blut statt Wasser verwendet. Indem er Blut in sein weiches Gewebe strömen läßt, den Abfluß aber blockiert, verlängert sich der Penis während einer Erektion um etwa 5 cm. So läßt sich zwar das Sperma gut in die Vagina setzen, doch ist das Wasserlassen bei einer Erektion erschwert, da eine Art

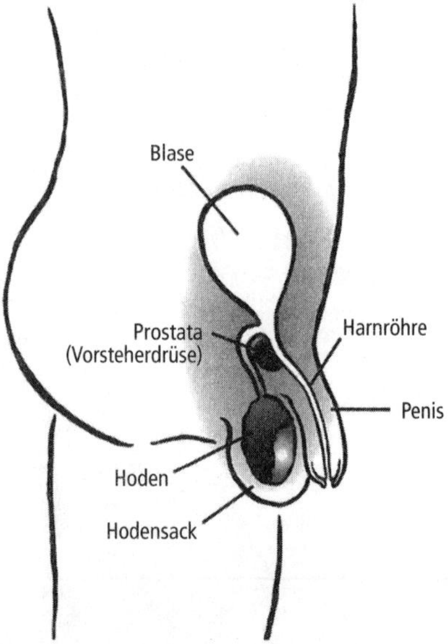

Ventil an der Peniswurzel den gleichzeitigen Abgang von Samen und Harn verhindert. Von der Blase bzw. den Hoden aus gelangen Urin und Sperma über die Harnröhre nach draußen. Vor allem auf der Unterseite ist die dünne Haut des Penis mit kleinen Knötchen bedeckt, die bei der Stimulation der Partnerin eine Rolle spielen können. Oft lösen sie auch unberechtigte Sorgen aus, besonders bei jungen Männern. Die Knötchen sind nichts anderes als Schweißdrüsen und Haarbälge, die bei dickerer Haut nicht sichtbar sind. Bei einer Erektion fallen sie noch mehr auf, da die Haut durch die Dehnung dünner wird.

Impotenz

Eine erektile Dysfunktion ist nicht das gleiche wie Unfruchtbarkeit, denn ein Mann kann Kinder zeugen, ohne zur Erektion fähig zu sein. Erektionsschwierigkeiten sind häufig. Eine 1994 durchgeführte Studie ergab, daß jeder vierte britische Mann schon einmal Impotenzprobleme hatte, während 5 Prozent unter dauerhaften Erektionsstörungen leiden. Das wahre Ausmaß des Leidens wird häufig dadurch verschleiert, daß viele Männer verständlicherweise über solche Probleme nicht gern sprechen, obwohl Impotenz oft leicht zu behandeln ist. In den meisten Fällen liegt der erektilen Dysfunktion eine Mischung körperlicher und seelischer Ursachen zugrunde, doch kann sie auch als Nebenwirkung bestimmter Medikamente auftreten. Jede zweite bis dritte Erektionsstörung ist rein psychisch bedingt; diese Fälle sprechen oft gut auf nicht-medizinische Behandlung an, wie z. B. eine Sexualberatung. Wenn Sie beim Geschlechtsverkehr keine Erektion bekommen, Ihr Penis sich bei anderen Gelegenheiten aber aufrichtet, dann ist Ihr Problem seelisch bedingt. So kann es z. B. sein, daß Sie nachts im Schlaf Erektionen bekommen – Ihr Partner wird das möglicherweise bestätigen. Obwohl sich solche Ereignisse heute wissenschaftlich messen lassen, können Sie auch mit einer ganz altmodischen Methode herausfinden, was sich nachts bei Ihnen so tut: Kleben Sie vor dem Schlafengehen eine Reihe von Briefmarken, die an der Perforation noch zusammenhängen, um Ihren Penisschaft, und ziehen Sie eine Unterhose darüber. Wenn Sie in der Nacht eine Erektion bekommen, reißt die Perforation zwischen den Marken ein, so daß Sie sie am nächsten Morgen einzeln ablösen und auf Ihre Post kleben können. Auch Erektionen beim Betrachten erotischer Filme und beim Onanieren sind ein gutes Zeichen, wenngleich sie kein hundertprozentiger Beweis für eine normale Penisfunktion sind. Konsultieren Sie Ihren Arzt.

Seelische oder körperliche Ursachen?

Bei Impotenzproblemen kann eine Sexualberatung helfen. Seien Sie ehrlich zu sich und zu Ihrem Berater, der sich nach einigen wichtigen Dingen erkundigen wird:

- Ihrem Lebensstil: Wieviel Streß müssen Sie täglich bewältigen? Trinken Sie viel Alkohol? Ist kürzlich jemand gestorben, der Ihnen nahestand?
- Ihren Kindheitserfahrungen und Ihrer Einstellung zur Sexualität. Auch die Einstellung des Partners ist von Bedeutung.
- Ihren sexuellen Erfahrungen in der Pubertät.
- Wie Sie Ihren Körper sehen und was Sie über Ihre Genitalien denken.
- Wie zufrieden Sie mit Ihren sexuellen Beziehungen sind.
- Möglichen schlechten Erfahrungen. Hatten Sie unangenehme Erlebnisse, die Ihren Genuß am Sex trüben?
- Was Sie über sexuelle Erregung denken. Welche Praktiken sind für Sie »normal« oder »akzeptabel«?
- Was Sie von sich als sexuellem Wesen halten.

Nach Erörterung dieser Fragen wird der Berater wissen wollen, ob Ihre Schwierigkeiten plötzlich auftraten und was ihnen voranging. Bei seelischen Problemen setzen Erektionsstörungen meist abrupt ein, während sich die körperlich bedingten in der Regel allmählich entwickeln. Der Berater wird sich auch erkundigen, ob Sie trinken und rauchen, wie Sie sich ernähren, ob Sie Sport treiben, welche Krankheiten Sie schon durchgemacht haben und ob Sie irgendwelche Medikamente einnehmen. Sogar homöopathische Arzneien können nämlich Potenzstörungen verursachen. Auch Erkrankungen Ihrer Angehörigen, wie Diabetes, Bluthochdruck oder Depressionen, können ein wichtiger Hinweis auf die Ursache Ihrer Probleme sein.

Die ärztliche Untersuchung

Um körperliche Ursachen auszuschließen, führt der Arzt eine Reihe von Tests durch. Untersuchen wird man Sie auf:

- Diabetes.
- Blutarmut (Anämie).
- Probleme mit der Leber.
- Schilddrüsenunterfunktion. Die im Hals sitzende Schilddrüse steuert die Stoffwechselvorgänge. Arbeitet sie mit verminderter Leistung, verlangsamt sich auch alles andere, einschließlich der Erektionen.
- Testosteron-, Prolaktin- und Luteinisierungshormonmangel. Am Verhältnis der drei Hormone zueinander läßt sich ablesen, ob Sie genug davon produzieren, um eine Erektion zu haben.

Der Arzt wird auch Ihren Kreislauf untersuchen. Schlecht durchblutete Arterien in den Beinen können ein Hinweis auf ähnliche Probleme im Penis sein. Ihre Beine halten sich mit Knochen gerade, ihrem Penis steht dafür nur der Blutkreislauf zur Verfügung. Schließlich wird der Arzt Sie noch auf Ausfall der Barthaare, Anschwellen der Brüste und kleine Hoden untersuchen, denn dies sind Anzeichen eines Hormonmangels.

Das Alter: die große Ausrede

Der große Sündenbock für alles, was sich im menschlichen Körper, vor allem unter der Gürtellinie, ereignen kann, ist die Zahl der Geburtstage. Glücklicherweise wissen wir heute, daß Sex kein Vorrecht der Jugend ist, daß der Spaß daran keine Altersgrenze kennt.

Zwar gibt es altersbedingte Potenzprobleme, doch zählt das Alter nicht zu den Hauptursachen von Erektionsstörungen. Jüngste Untersuchungen haben jedoch einige wichtige Fakten ans Licht gebracht. Wenn wir älter werden, kommt es zu den folgenden Veränderungen in unserem Körper:

- Der Testosteronspiegel und seine Wirkung auf Organe wie den Penis nimmt allmählich ab.
- Erektionen benötigen mehr Zeit und manchmal auch mehr Stimulation durch Berührung. Ja, der alte Bentley braucht vielleicht länger als der neue Porsche, bis er anspringt, doch man sitzt in ihm einfach bequemer, und er verbraucht auch nicht soviel Benzin.
- Das Selbstbild und Sorgen über sexuelle Leistungsfähigkeit und Attraktivität sind typische Probleme späterer Lebensjahre. Männer gehen einer Auseinandersetzung mit diesen Schwierigkeiten besonders gern aus dem Weg und schieben die Schuld auf das Alter.
- Körperliche Erkrankungen können das sexuelle Verlangen mindern, nicht zuletzt durch die Arzneien, mit

denen man sie behandelt. Mit steigendem Alter häufen sich chronische Beschwerden.

- Längere Zeiten der Enthaltsamkeit können das sexuelle Selbstvertrauen schwächen. Zu solchen enthaltsamen Phasen kommt es z. B. durch Trauerfälle, Krankheit des Partners, Scheidung usw.
- Viele Männer wagen es nicht, dem Arzt eine Depression einzugestehen. Depressionen sind eine der Hauptursachen von erektiler Dysfunktion.

Arzneimittel und Alkohol können die Ursache sein

Von den folgenden Medikamenten weiß man, daß sie Erektionsstörungen verursachen können:

- Einige Antidepressiva können eine erektile Dysfunktion verschlimmern. Sprechen Sie mit Ihrem Arzt.
- Häufig sind auch bestimmte Medikamente gegen Bluthochdruck der Übeltäter. ACE-Hemmer, Alpha- und Beta-Blocker und Kalzium-Antagonisten können bei manchen Betroffenen zu Problemen führen. Fragen Sie Ihren Arzt, ob sich die Medikation ändern läßt.
- Alkohol ist eine häufige Ursache. Ein Saufgelage hat natürlich einen unmittelbaren Effekt, doch kann chronischer Alkoholmißbrauch dauerhafte Erektionsstörungen auslösen. Ein niedriger Alkoholspiegel im Blut (bis zu 25 mg pro 100 ml, das entspricht 0,5 l Bier oder 0,25 l Wein) fördert die Erektion sogar, größere Mengen führen jedoch zu der gefürchteten Dauererschlaffung.

Krankheiten als Auslöser

Krankheiten, die die Nerven oder die Gefäße angreifen, können zu Impotenz führen. Multiple Sklerose ist die häufigste Rückenmarkserkrankung, die Erektionsstörungen

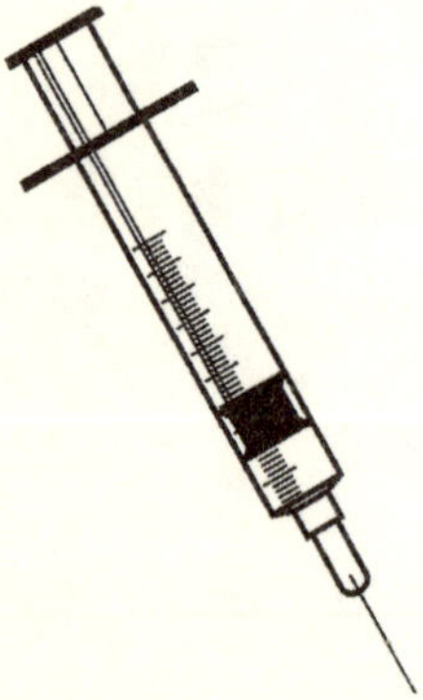

und manchmal auch Probleme mit der Blase auslöst. Diabetes kann die peripheren Nerven schädigen, was die Fähigkeit, eine Erektion zu bekommen, beeinträchtigt. Der Wirkstoff Papaverin, der direkt in die Schwellkörper des Penis injiziert wird, ahmt die Wirkweise der Nerven nach, indem er den Abfluß des Blutes aus dem Penis behindert, was dann zu einer Erektion führt. Die Injektion ist überraschend schmerzlos, obwohl die meisten Männer bei dem bloßen Gedanken daran die Beine übereinanderschlagen.

Jede vierte erektile Dysfunktion wird durch Gefäßerkrankungen verursacht. Die Impotenz entwickelt sich hier meist langsam; der Konsum selbst kleinster Mengen Alkohol verschlimmert die Beschwerden. Papaverininjektionen helfen nicht, da der Blutdruck zur Beibehaltung der Erektion nicht ausreicht. Eine mögliche Hilfe bieten chirurgische Implantate.

Peniskrebs

Peniskarzinome sind glücklicherweise selten. Von 100 000 Männern erkranken 1–2 daran; pro Jahr sterben in Großbritannien etwa 100 Männer an diesem Tumor. Die Krankheit tritt meist erst ab dem 65. Lebensjahr auf.

Wird sie rechtzeitig erkannt, beträgt die Überlebenschance 90 Prozent. Dennoch konsultieren viele Betroffene den Arzt zu spät.

Ursachen

Smegma, das käsige Sekret unter der Vorhaut, kann daran schuld sein. Beschnittene Männer entwickeln Peniskrebs sehr selten, bei Männern, die gleich nach der Geburt beschnitten wurden, tritt er praktisch nie auf. Hygiene im Genitalbereich ist also sehr wichtig: Reinigen Sie Vorhaut und Eichel immer gut.

Beobachten Sie es

Betrachten Sie sorgfältig den Bereich zwischen Eichel und Vorhaut. Achten Sie auf kleine, oft schmerzlose Geschwüre und warzenartige Knötchen. Ein hartnäckiger roter Fleck auf der Eichel muß auch dann vom Arzt untersucht werden, wenn er nicht weh tut. Läßt sich die Vorhaut nur schwer zurückziehen, ist sie entweder verengt, oder das Häutchen, das die Vorhaut mit der Penisunterseite verbindet, ist zu kurz. Beides muß ärztlich behandelt werden, damit sich kein Smegma unter der Vorhaut ansammelt.

Ungefährlich, aber unheimlich

Kleine Knötchen auf dem Penisschaft sind einfach Schweißdrüsen. Nach wildem Sex oder heftigem Onanieren kann es zu Blutungen unter der Vorhaut kommen – das Häutchen zwischen Vorhaut und Eichel reißt leicht ein. Konsultieren Sie bei anhaltenden Blutungen den Arzt. Auf gleichem Weg bilden sich auch Blutergüsse in Gestalt dramatischer purpurroter Flecken am Tag danach. Sie verschwinden in ein paar Tagen wieder.

Therapie

Krebsmedikamente lassen sich als Salbe auf den Tumor selbst auftragen. Auch örtliche Bestrahlungen und Laserchirurgie kommen zum Einsatz. Bei Peniskrebs im fortgeschrittenen Stadium müssen u. U. einige Zentimeter amputiert werden. Die plastische Chirurgie sorgt dann dafür, daß die Abteilungen Erotik und Wasserwerk auch weiterhin normal arbeiten. In noch weiter fortgeschrittenen Fällen hilft nur eine Totalamputation, die die goldene Zeit, in der man auf Wänden nach Fliegen zielen konnte, für immer beendet. – Wenn Sie sich keine Fliegenklatsche zulegen wollen, sollten Sie immer im Auge behalten, was sich unter Ihrem Hosenschlitz tut.

Wenn gar nichts hilft

Wenn Beratung, Sexualtherapie und Sand- und Zementinjektionen nicht helfen, gibt es noch die Möglichkeit, einen steifen Penis mit künstlichen Mitteln herzustellen. Wer über solche Therapien lacht, sollte daran denken, wie wichtig Sex ist, und zwar nicht nur für den durchschnittlichen Mann, sondern auch für seine(n) Partner(in). Die Unfähigkeit zu normalem Geschlechtsverkehr kann eine Beziehung immens belasten und manche Männer sogar in den Selbstmord treiben.

Vakuumpumpen

Vakuumpumpen gibt es schon seit über 70 Jahren. Sie ziehen das Blut in die Schwellkörper, indem sie unter einem über den Penis gezogenen Kondom ein sanftes Vakuum produzieren, das mit einer kleinen Pumpe entleert wird. Ein enges Gummiband um den Gliedansatz verhindert das Abfließen des Blutes, so daß eine ganz ansehnliche Erektion entsteht. Nach etwa 30 Minuten sollte man das Gummiband entfernen, um Probleme mit der Blutgerinnung zu vermeiden. Vakuumpumpen helfen vor allem Männern mit Gefäßleiden. Fragen Sie Ihren Arzt, wo sie erhältlich sind.

Penisimplantate

Reagiert Ihr Penis nicht auf Injektionen, kann eine Penisprothese helfen. Bevor Sie sich zu einem solchen Schritt entschließen, sollten Sie und Ihr(e) Partner(in) aber genau wissen, was auf Sie zukommt. So müssen Sie z. B. beide mit einem gewissen Verlust an Würde zurechtkommen, doch sind einige kurze peinliche Momente wohl nichts im Vergleich zur Befreiung von sexueller Frustration. Penisimplantate gibt es in drei Formen:

- Leicht biegsame Silikonstangen, manchmal mit Edelstahl überzogen, werden in das Penisgewebe eingesetzt.
- Zweizylindrige Pumpen werden in den Penis eingebaut. Sie füllen sich, wenn der Speicher am Penisansatz gedrückt wird.
- Aufblasbare Penisprothesen bestehen aus einem Paar aufblasbarer Silikonzylinder, das in den Penis eingesetzt wird und sich durch Druck auf die in den Hodensack eingebaute Pumpe füllt.

All diese Implantate funktionieren. Ein altes Sprichwort weiß jedoch: »Es ist nicht die Größe, auf die es ankommt, sondern das, was man damit tut.« Ebenso wichtig wie brauchbare Erektionen sind Vorspiel, das Ausprobieren von Neuem, die Vermeidung von Routine, Ehrlichkeit miteinander und nicht zuletzt eine gute Portion Humor. Schließlich kann Lust auch lustig sein.

Aphrodisiaka

Vor dreitausend Jahren erkrankte der chinesische Kaiser Chou Hsin an Impotenz. Das wäre für jeden eine schlechte Nachricht, doch jener Bursche unterhielt seinen Hof damit, daß er nackte Frauen auf seinem erigierten Glied balancieren ließ. Ein Aphrodisiakum, das Rhinozeroshorn enthielt, stellte seine Potenz schließlich wieder her. Bis heute gilt diese Substanz bei vielen als wirksames

Potenzmittel. Schlechte Nachrichten für das von der Ausrottung bedrohte Nashorn. In ihrem Buch *A to Z of Aphrodisia* zählt Diana Warburton sogar Brennesseln zu den wirksamen Mitteln. So riet man den Kavalieren im 17. Jahrhundert, zur Förderung der Durchblutung einen Strauß Brennesseln im Hosenbeutel herumzutragen.

Sollten Sie keinen Hosenbeutel tragen, dann dünsten Sie eine Handvoll gut gewaschener Brennesseln in Milch oder glasieren Sie eine gehackte Zwiebel in Butter und geben Sie drei Handvoll Brennesseln hinzu. Dünsten Sie drei Minuten lang, geben Sie einen halben Liter Milch hinzu, lassen Sie das Ganze kurz aufkochen, und pürieren Sie es dann. Die Brennhaare werden beim Kochen zerstört. Das Gericht schmeckt hervorragend.

Gut bekannt ist die Spanische Fliege, die die Schleimhautauskleidung der Harnröhre im Penis reizt. Sie wird aus zerstampften und getrockneten Blasenkäfern (Canthariides) gewonnen. Leider juckt die Reizung nach dem Orgasmus weiter, was schon so manchen in den Wahnsinn getrieben hat. Viele Männer sind an dem Zeug gestorben, doch meist mit einem Lächeln auf dem Gesicht.

Wie Diana Warburton meint, ähneln Austern den weiblichen Geschlechtsteilen. Griechen und Römer kannten ihren Wert und importierten sie in großen Mengen aus England. Der römische Kaiser Vitellius aß pro Sitzung bis zu 1000 Stück. Ich selbst aß einmal im Interesse der Wissenschaft 23 lebende Austern. Ich zählte sie, als sie hineingingen, und ich zählte sie, als sie zurückkamen. Es war die gleiche Zahl.

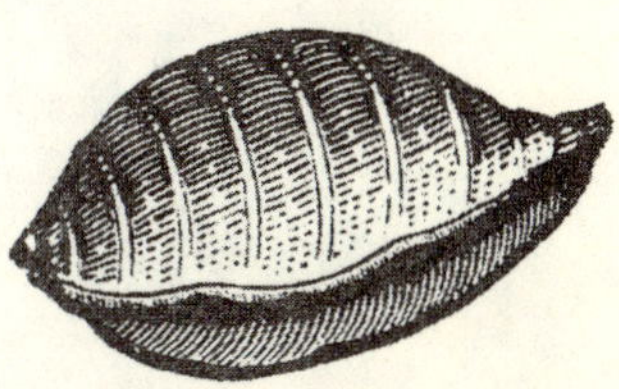

Prosit, Prostata!

Wenn es Ihnen manchmal nicht gelingt, den Duftsteinen im Urinal einen kräftigen Stoß zu verpassen, dann brauchen Sie nicht beunruhigt zu sein, denn Sie befinden sich in guter Gesellschaft. Ein durch eine vergrößerte Prostata behinderter Harnabgang ist ein weitverbreitetes Problem, vor allem bei älteren Männern. Die etwa walnußgroße Vorsteherdrüse sitzt am Harnblasenhals und ist mit Harnröhre und Samenstrang verbunden. Ihre Aufgabe ist es, das Sperma zu schützen und mit Nährstoffen zu versorgen, bevor es sich auf den Weg zur Gebärmutter macht. Für das Sperma ist die Vagina ein feindlicher Ort, doch läßt sich das dort herrschende saure Milieu mit Prostatasekreten neutralisieren. Für Treibstoff zur Energieversorgung haben Samenzellen nur wenig Platz. Die Prostata produziert große Mengen Fruchtzucker, der schnell absorbiert wird und den Motor in Gang hält. Mit dem Geschlechtstrieb hat die Prostata nichts zu tun, was eigentlich schade ist, da sie mit zunehmendem Alter immer größer wird.

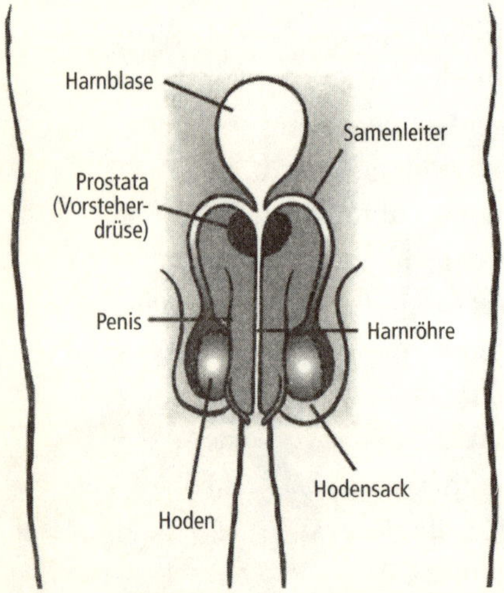

Wenn sie zu groß geworden ist, kann sie den Urinfluß von der Blase in den Penis behindern oder sogar völlig blockieren. Ist die Vergrößerung gutartig, spricht man von einer Prostatahypertrophie.

Ein häufiges Problem

Etwa jeder dritte 50jährige hat gelegentlich Probleme beim Wasserlassen, doch geht nur die Hälfte der Betroffenen zum Arzt, da die meisten Männer so etwas für eine unvermeidliche Folge des Alterns halten. Viele Männer, bei den 40jährigen schon 20 Prozent, brauchen irgendwann in ihrem Leben eine ärztliche Behandlung ihrer Prostata. Warum die Vorsteherdrüse sich vergrößert, wissen wir nicht, doch gibt es verschiedene auslösende Faktoren:

- Ein hoher Testosteronspiegel.
- Ein Ungleichgewicht zwischen Östrogen und Testosteron.
- Eiweißarme, kohlehydratreiche Ernährung.

Symptome einer Prostatavergrößerung

Sichere Anzeichen einer vergrößerten Prostata sind:

- Ein schwacher Urinstrahl.
- Häufige Ausflüge zur Toilette, sogar in der Nacht.
- Das ständige Gefühl, man habe die Blase nicht richtig entleert, oft zusammen mit langem Nachtröpfeln nach dem Wasserlassen.

- Manchmal kommt es auch zu Blutspuren im Urin oder Sperma, die sofort dem Arzt gemeldet werden sollten.

Mit einigen einfachen Untersuchungen kann der Arzt die Größe der Prostata überprüfen und sicherstellen, daß nichts Schlimmes vorliegt.

Diagnose

Früherkennung ist entscheidend. Für den Arzt ist es wichtig, zu wissen, wie sich die vergrößerte Prostata bei Ihnen bemerkbar macht, denn schon Ihre Beschreibung kann eine verläßliche Diagnose liefern. Die Größe der Prostata kann der Arzt vom Enddarm aus ertasten. Eine Blutuntersuchung gibt Hinweise auf die Ursachen, denn an einigen Blutwerten läßt sich ein möglicher Krebs erkennen. Zur optischen Darstellung der Prostata durch Ultraschall wird ein Sensor in den Mastdarm eingeführt.

Therapie

Gott sei Dank sind wir nicht dazu verurteilt, mit einem Stadtplan herumzulaufen, auf dem alle öffentlichen Toiletten vermerkt sind. Mit den modernen therapeutischen Möglichkeiten sind die Aussichten gar nicht so schlecht.

Medikamente

Einige Arzneimittel lockern die Muskeln, die die Beschwerden noch verschlimmern. Zu den Nebenwirkungen der meisten Medikamente zählen Mundtrockenheit und Pulsbeschleunigung.

Chirurgie

Wenn Medikamente nicht helfen oder der Harnfluß völlig blockiert ist, muß operiert werden. Was früher eine große Operation war, könnte heute kaum einfacher sein. Durch das Verfahren der Prostataresektion *(transurethrale Prostatektomie)* wurde die Behandlung einer Prostatavergrößerung zum Kinderspiel. In Großbritannien werden heute jedes Jahr 40 000 Prostatektomien verschiedener Formen durchgeführt. Mit Laser, Wärme oder Mikrowellen werden die Prostatalappen von innen her verkleinert. Das Ganze dauert, je nach Menge des zu entfernenden Gewebes, etwa eine Stunde, und der Patient kann das Krankenhaus nach ein oder zwei Tagen wieder verlassen. Noch im Versuchsstadium befindet sich eine ganz neue Technologie, bei der computergesteuerte Roboter das Werkzeug führen, mit dem das Gewebe entfernt wird.

Komplikationen

Einige Männer berichten, sie seien nach der Operation eine Zeitlang impotent gewesen. Diese Erektionsstörung ist meist vorübergehend und wohl eher psychisch bedingt als direkt durch den Eingriff verursacht. Selbst dann ist es für die Betroffenen ein sehr reales Problem. Helfen kann eine fachmännische Beratung durch den Hausarzt. Die meisten Auswirkungen verschwinden in zwei Tagen. In Fällen völliger Impotenz kann eine Prothese eingesetzt werden. Oft kommt es zu einer retrograden Ejakulation, bei der das Sperma in die Harnblase statt in den Penis geleitet wird, da das »Ventil« am Blasenhals für die Operation geweitet wurde. Dies verursacht weder Schmerzen noch Schädigungen, kann sich jedoch auf die Zahl der Spermien, die den Penis bei der Ejakulation verlassen, und dadurch auf die Fruchtbarkeit auswirken. Die Komplikation ist nicht selten, sollte jedoch Ihren Genuß am Sex nicht beeinträchtigen.

Prostatakrebs

Ein Prostatakarzinom verursacht meist die gleichen Symptome wie eine gutartige Vergrößerung. Im Anfangsstadium bereitet der Tumor weder Schmerzen noch sonstige Beschwerden. In der Schweiz starben 1996 fast zwölfmal mehr Männer an Prostatakrebs denn Frauen an einem Krebs des Gebärmutterhalses (1292 gegen 110 Verstorbene). Die Opfer sind meist zwischen 65 und 70 Jahre alt, obwohl der Tumor manchmal schon im Alter von 55 Jahren auftritt. Von den 70jährigen Kranken überleben etwa 50 Prozent. Was Prostatakrebs verursacht, wissen wir nicht, doch ist eine frühe Diagnose für eine erfolgreiche Behandlung entscheidend.

Sie haben ein erhöhtes Risiko, Prostatakrebs zu bekommen,

- wenn ein naher Angehöriger (Bruder oder Vater) schon einmal daran erkrankt ist;
- wenn Sie einen hohen Testosteronspiegel haben;
- wenn Sie Afrikaner oder Afroamerikaner sind;
- wenn Sie sehr viele tierische Produkte zu sich nehmen, vor allem tierisches Fett;
- wenn Sie über 70 sind.

Vorbeugung

Interessanterweise haben Japaner und Chinesen die weltweit niedrigste Prostatakrebsrate. Dies kann wertvolle Hinweise auf eine mögliche Vorbeugung liefern, denn Ostasiaten, die im Westen leben, sind nicht weniger anfällig für den Krebs als wir. Eine Rolle bei der Entstehung des Tumors spielt das weibliche Sexualhormon Östrogen, daß sich heutzutage in vielen Lebensmitteln findet (z. B. Fleisch) und auch durch die Umweltverschmutzung in kleinen Mengen in den Organismus gelangt. Da übergewichtige Männer oft einen erhöhten Östrogenspiegel haben, empfiehlt es sich, abzuspecken. Wie bei anderen Tumoren helfen Antioxidantien auch bei der Verhütung dieser Krankheit. Die Vitamine E und C und Beta-Karotin vernichten die freien Radikale, die das Erbgut in den Zellen schädigen und so Krebs auslösen. Zink wird vom

Körper zur Produktion eines Enzyms verwendet, das bei bestimmten schützenden Genen wie ein Schalter wirkt. Rotes Fleisch gilt als wichtiger Faktor bei der Auslösung des Karzinoms, während Nüsse und Samen als Barriere wirken.

Halten Sie sich für eine krebsvorbeugende Diät an folgende Empfehlungen:

- Essen Sie weniger Fett, vor allem weniger tierische Fette. Fett sollte etwa 25–30 Prozent Ihres Energiebedarfs ausmachen.
- Essen Sie statt roten Fleischs Fisch und Geflügel.
- Essen Sie pro Tag mindestens ein halbes Kilo frisches Obst.
- Nehmen Sie sich die Asiaten zum Vorbild: Essen Sie deren Nahrungsmittel.
- Essen Sie statt Süßigkeiten lieber Nüsse und Samen.
- Nehmen Sie mehr Antioxidantien in Form von Karotten und Zitrusfrüchten zu sich, oder nehmen Sie entsprechende Vitaminpräparate.

Diagnose

Neben einer Rektaluntersuchung kann der Arzt auch einen Bluttest durchführen, mit dem sich von Tumoren freigesetzte Enzyme (saure Phosphatase) feststellen lassen. Eine jüngste Neuentwicklung, die es ermöglicht, krebsspezifische Proteine (Prostata-Antigene) zu ermitteln, scheint als Diagnosewerkzeug vielversprechend zu sein. Auch Ultraschall ist hilfreich, kann jedoch die ganz frühen Stadien von Prostatakrebs nicht erkennen. Welche Methode auch immer verwendet wird, Früherkennung ist der Schlüssel zu einer erfolgreichen Behandlung. Lassen Sie sich also einen Termin bei Ihrem Arzt geben, wenn Sie sich Sorgen machen und vor allem, wenn Sie zu einer der Risikogruppen zählen.

Therapie

Bei der Therapie des Prostatakarzinoms wird die Wucherung chirurgisch oder durch Bestrahlung entfernt. Arzneiimplantate unter der Haut hindern das Testosteron daran, das Wachstum des Tumors anzuregen. Medikamente werden Sie Ihr ganzes Leben lang einnehmen müssen, denn selbst wenn sich der Tumor chirurgisch nicht völlig beseitigen läßt, können diese Arzneimittel sein weiteres Wachstum dramatisch verlangsamen. Die Betroffenen führen dann ein relativ normales Leben; viele erreichen ein hohes Alter und sterben schließlich an ganz anderen Krankheiten.

Unerwünschte Folgen der Therapie

Die Nebenwirkungen hängen davon ab, wie der Tumor behandelt wird.

- Strahlentherapie wird eingesetzt, wenn der Tumor sich noch im Anfangsstadium befindet oder chirurgisch nicht zu entfernen ist. Auch Schmerzen lassen sich damit lindern, vor allem, wenn sich der Tumor im Knochen festgesetzt hat. Häufig kommt es zu einer vorübergehenden Reizung der Blase mit Brennen beim Wasserlassen. Ein Vorteil der Strahlentherapie ist, daß sie keine Impotenz verursacht.

- Eine Operation kann die Nerven schädigen, die die Erektion steuern, was zu Impotenz führt. Mit den modernen Techniken ist diese Komplikation jedoch selten geworden.
- Eine Hormontherapie kann Impotenz zur Folge haben, doch ist es in einigen Fällen möglich, eine Prothese einzusetzen. Daneben gibt es Wirkstoffe (z. B. Papaverin), die bei korrekter Injektion eine Erektion auslösen.

Hodenpflege

Einen Mann dazu zu kriegen, zum Arzt zu gehen, ist schon unter normalen Umständen schwer genug. Hat er auch noch Probleme in der Unterwäsche, bedarf es sehr viel Überredungskunst, bis er sich einen Termin geben läßt. Das ist ein Jammer, denn viele Männer würden länger leben, wenn sie rechtzeitig zum Arzt gingen. 95 Prozent aller Hodenkarzinome lassen sich erfolgreich behandeln, wenn sie rechtzeitig entdeckt werden.

Die locker im Hodensack hängenden Hoden haben eine Reihe von Aufgaben, wie etwa die Bildung von Testosteron und von Sperma, das ab der Pubertät in gleichbleibenden Mengen produziert wird. Samen, der nicht ejakuliert wird, wird vom Körper reabsorbiert. Warum die Hoden außerhalb des Körpers hängen, weiß man nicht genau, gäbe es doch eine Vielzahl weniger verwundbarer Stellen dafür. Vielleicht liegt es daran, daß die Samenproduktion bei einer Temperatur, die leicht unterhalb der Körpertemperatur liegt, am größten ist. Die Position der Hoden hat aber auch ihre Vorteile, denn die Selbstuntersuchung ist dadurch wesentlich einfacher, als wenn sie z. B. zwischen den Schulterblättern hingen. Kein Mann würde wohl den heftigen Schmerz leugnen wollen, den ein kräftiger Tritt in die Lei-

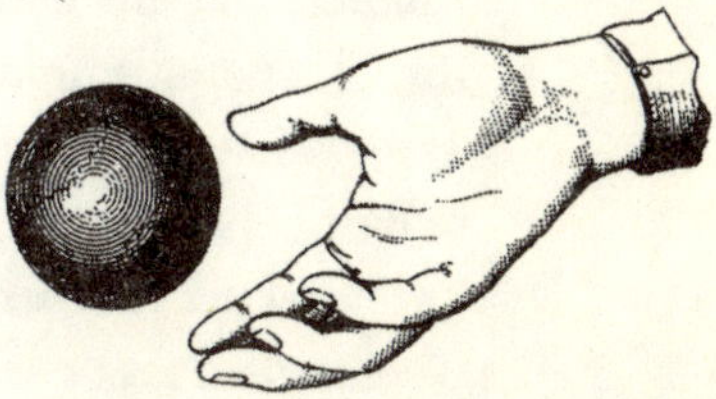

stengegend hervorruft. Der Grund dafür ist der, daß die Hoden mit Nervenfasern gut ausgestattet sind. Ernsthafte Hodenerkrankungen wie Krebs verursachen jedoch oft gar keine Schmerzen, was die regelmäßig Selbstuntersuchung noch wichtiger macht.

Ein früher Tod

Obwohl der Tumor relativ selten ist und nur ein Prozent aller Krebserkrankungen bei Männern ausmacht, fordert er in der Altersgruppe zwischen 18 und 35 mehr Todesopfer als jeder andere Tumor. In den vergangenen zwanzig Jahren hat sich die Zahl der Erkrankungen verdoppelt, und sie steigt immer weiter, ohne daß die Gründe dafür bekannt wären. Bei rechtzeitiger Diagnose und Behandlung müßte jedoch kaum jemand an Hodenkrebs sterben.

Ursache unbekannt

Die Ursachen für Hodenkrebs sind noch nicht bekannt, doch hat die Forschung inzwischen eine Reihe von auslösenden Faktoren ermittelt. So werden kleine Jungen heute routinemäßig auf Hodenhochstand untersucht. Bei Knaben mit normal abgestiegenen Hoden beträgt das Risiko, später einmal an Hodenkrebs zu erkranken, 1 zu 450, während es bei denen, deren Hoden im Bauch oder in den Leisten zurückgeblieben sind, fünfmal so groß ist. Es ist darum sehr wichtig, einen Hodenhochstand so früh wie möglich zu behandeln.

Auch das weibliche Sexualhormon Östrogen zählt zu den Faktoren. Da das Hormon vom Fettgewebe produziert wird, nimmt man an, daß es einen Zusammenhang zwischen Übergewicht und Hodenkrebs gibt. Im Verdacht steht hier auch die Ernährungsweise der Mutter während der Schwangerschaft, denn einige Nahrungsmittel, wie z. B. Milch, enthalten Östrogen. Zweifelhaft ist selbst die Sicherheit des Leitungswassers, das durch den Urin von Frauen, die die Anti-Baby-Pille nehmen, ebenfalls mit Östrogen angereichert wird. Schließlich scheinen auch die in vielen Plastikverpackungen enthaltenen Phthalate eine Rolle zu spielen, denn diese Weichmacher wirken im Körper wie Östrogen. Auf den männlichen Fötus wirken sich diese Substanzen möglicherweise negativ aus, ohne daß die Mutter sich dessen bewußt wäre.

Es bleibt in der Familie

Wie andere Karzinome tritt auch der Hodenkrebs familiär gehäuft auf. Wenn Ihr Bruder diesen Tumor schon hatte, sind Sie einem zehnmal größeren Risiko ausgesetzt. Dies bedeutet nicht, daß Sie den Krebs auch wirklich bekommen. Achten Sie jedoch auf alle Veränderungen, die Sie in Ihren Hoden spüren oder ertasten. Amerikanische Studien haben gezeigt, daß weiße Männer sechsmal so häufig an Hodenkrebs erkranken wie schwarze. Wesentlich weniger gefährdet sind auch Asiaten, die von Prostatakrebs ja ebenfalls seltener betroffen sind.

Seien Sie »hodenbewußt«!

Betasten Sie Ihre Hoden einmal pro Monat so wie nachfolgend beschrieben. Tun Sie es in der Badewanne oder unter der Dusche, denn warmes Wasser macht die Haut des Hodensacks weicher, was das Abtasten der Hoden erleichtert.

- Nehmen Sie den Hodensack auf Ihre Handfläche, und ertasten Sie den Unterschied zwischen beiden Hoden. Sie werden ziemlich sicher feststellen, das einer etwas größer ist und tiefer liegt. Dies ist völlig normal, wie Ihnen jeder Schneider bestätigen wird.
- Untersuchen Sie nun erst einen Hoden und dann den anderen. Vergleichen Sie die beiden miteinander. Nehmen Sie beide Hände, und rollen Sie jeden Hoden behutsam zwischen Daumen und Zeigefinger. Achten Sie dabei auf Knoten und Schwellungen, denn die Hoden sollten glatt sein. Denken Sie daran, daß der Kanal, der das Sperma in den Penis leitet, der hinten auf dem Hoden liegende Nebenhoden, sich uneben anfühlt. Versuchen Sie, bei der Untersuchung nicht zu sehr zu lächeln, sonst bekommen Ihre Mitreisenden im Zug einen schlechten Eindruck.

Wenn Sie irgend etwas Ungewöhnliches entdecken, dann lassen Sie es sofort von Ihrem Hausarzt untersuchen. Denken Sie daran, daß beginnender Krebs meist keine Schmerzen bereitet, und zögern Sie nicht! Im Zweifelsfall wird man Sie an einen Facharzt überweisen.

Untersuchungen im Krankenhaus

- Es wird Sie freuen, zu hören, daß man Sie noch einmal untersuchen wird. Dies wird Ihnen nun auch nicht mehr peinlich sein.
- Manchmal werden die Hoden durch den Hodensack hindurch mit Ultraschall optisch dargestellt.
- Mit Bluttests ermittelt man verdächtige Proteine, die bei Hodenkrebs in viel größeren Mengen als sonst vorhanden sind, wie das menschliche Chorin-Gonadotropin.
- Eine Ausbreitung des Tumors läßt sich mit einem Computertomogramm feststellen, einer modernen Weiterentwicklung des alten Röntgenverfahrens.

Die Behandlung richtet sich nach dem Untersuchungsbefund, durch den sich einfache Probleme wie Zysten oder Infektionen ausschließen lassen.

Therapie

Der befallene Hoden muß leider entfernt werden. Dies bedeutet nicht unbedingt, daß Sie nun keine Kinder mehr haben können; der verbleibende gesunde Hoden produziert genug Spermien für eine Befruchtung. Wenn Sie nur einen Hoden hatten oder mit Chemotherapie und Bestrahlungen behandelt werden, können Sie Ihr Sperma einfrieren und lagern lassen. Sie werden auch nicht seltsam aussehen, da Ihr Hoden-

sack mit einem eingesetzten Kunsthoden völlig normal wirken wird. Zur Beibehaltung eines normalen Testosteronspiegels genügt ebenfalls ein einziger Hoden. Wenn beide Hoden durch die Krankheit oder die Behandlung geschädigt sind, kann eine Hormonsubstitutionstherapie einen gesunden Testosteronspiegel herstellen. Impotenz ist keine automatische Folge der Behandlung, kann jedoch in einigen wenigen Fällen auftreten. Sex wird Ihnen auch weiterhin Spaß machen. Die meisten nach der Behandlung auftretenden Probleme sind eher psychisch als körperlich.

Behalten Sie einen kühlen Kopf

Zwanghafte Angst und Selbstbeobachtung kann das Leben zur Qual machen. Versuchen Sie, nüchtern und sachlich zu bleiben, und freuen Sie sich darüber, daß Sie Ihrem Hausarzt die Unterwäsche zeigen konnten, die man Ihnen zu Weihnachten geschenkt hat.

Nur ein kleiner Schnitt

Wenn es um Empfängnisverhütung ging, waren die Männer immer besser dran. Die ganze Menschheitsgeschichte hindurch mußten sich die Frauen nicht nur selbst um die Verhütung kümmern, sondern auch die Folgen tragen, wenn diese einmal versagte. Zu den traditionellen Methoden gehörte die Verwendung einer primitiven »Kappe« in Gestalt einer ausgehöhlten Zitrone. Nun wissen Sie, warum Frauen auf alten Gemälden immer so tränenreich schauen. Durch die modernen Sterilisationstechniken tragen die Männer nun die Verantwortung, wenn auch immer noch mit trockenem Blick.

Die beiden »Superautobahnen« der Samenleiter (siehe Abbildung auf Seite 166) leiten das Sperma von den Hoden in den Penis. Unter örtlicher Betäubung durchtrennt man die beiden Samenleiter und vernäht die Enden, damit sie nicht wieder zusammenwachsen. Der Vasektomie oder Vasoresektion genannte Eingriff ist schmerzlos und nimmt nur wenige Minuten in Anspruch, doch können in den Tagen danach leichte Beschwerden auftreten. Falls Sie anhaltende Schmerzen bekommen oder Ihr Hodensack heiß wird und anschwillt, sollten Sie noch einmal den Chirurgen aufsuchen.

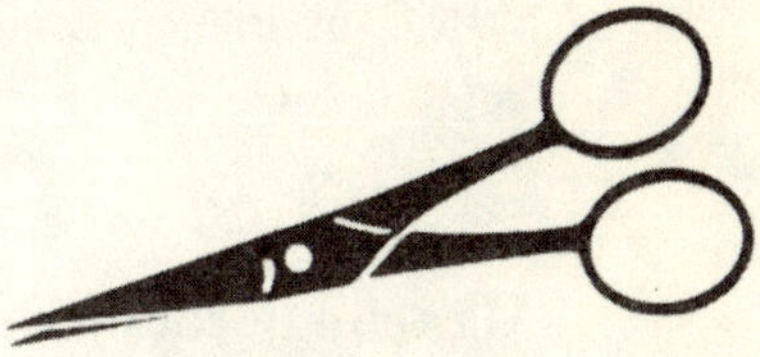

Vasektomie ist zuverlässig
Nur eine von 2500 Vasektomien bildet sich von selbst zurück. Eine hundertprozentige Sicherheit gibt es jedoch nicht.

Sie ist einfach und schmerzfrei
Einige Chirurgen mit sehr langen Hälsen haben sich sogar selbst sterilisiert.

Sie ist sicher
Es wurden noch nie Todesfälle durch Vasektomie gemeldet. Zahllose Männer laufen ein paar Tage lang wie John Wayne, ohne daran zu sterben. Es wird allerdings befürchtet, daß der Testosteronspiegel bei sterilisierten Männern fällt, wenn sie älter werden. Die Forscher sind sich jedoch noch nicht einig, da das bisher vorliegende Beweismaterial nicht ausreicht. Auch für ein erhöhtes Prostatakrebsrisiko wurde die Vasektomie schon verantwortlich gemacht. Eine entsprechende Untersuchung der Weltgesundheitsorganisation erbrachte dafür jedoch keine Belege.

Manche bereuen den Eingriff später

Die wenigsten Chirurgen werden bereit sein, einen kinderlosen jungen Mann zu sterilisieren. Da heutzutage jede dritte Ehe geschieden wird, findet sich so mancher sterilisierte Mann in einer neuen Beziehung wieder, ohne mit der Partnerin Kinder haben zu können. Es ist möglich, Sperma auf unbegrenzte Zeit einzufrieren, obwohl viele Kliniken die Lagerzeit auf fünf Jahre begrenzen.

Nach der Operation sollten Sie ein paar Tage lang Stützunterwäsche tragen und nichts Schweres hochheben. Sie können sich sexuell wieder betätigen, sobald Sie sich danach fühlen. Verwenden Sie jedoch irgendein Verhütungsmittel, solange Sie noch Spermien im Ejakulat haben. Man wird Sie darauf einige Wochen lang regelmäßig untersuchen.

Einer von 33 sterilisierten Männern läßt den Eingriff wieder rückgängig machen. Es handelt sich dabei meist um Männer zwischen 40 und 50, die eine jüngere kinderlose Frau geheiratet haben. Die Erfolgsquote liegt jedoch weit unter 100 Prozent, und es hängt von vielen Faktoren ab, ob die Operation gelingt. Entscheidend ist vor allem, wie die Vasektomie durchgeführt wurde. Manchmal produziert der Körper nach der Sterilisierung auch Antikörper gegen Spermien, die die Samenzellen am Schwimmen hindern.

Volkszählung in der Unterwäsche

Vor langer, langer Zeit kam ein Mann, der nicht mehr ganz nüchtern war, um drei Uhr früh in die Notfallstation und verlangte eine Spermienzählung. Eine junge, gutaussehende, aber erschöpfte Krankenschwester gab dem Herrn eine Milchflasche und bat ihn, wiederzukommen, wenn diese voll sei.

Ein kürzlich im ›British Medical Journal‹ erschienener Bericht befaßte sich mit dem Rückgang der Spermienzahl und -qualität in Europa. So haben Männer, die nach 1970 geboren wurden, eine beunruhigend hohe Zahl abnormer Spermien. Eine Samenzelle ist im Prinzip eine Art winzi-

ger Torpedo mit einem Sprengkopf voller Erbsubstanz (DNS), einem Motor und einem Propeller in Form eines Schwanzes. Obwohl pro Samenerguß Millionen von Spermien freigesetzt werden, erreichen nur wenige davon das Ei, das dann von nur einer einzigen Samenzelle befruchtet wird. Unter dem Mikroskop findet man heute abnorme Spermien, die zwei Köpfe oder zwei Schwänze haben oder gar keinen Kopf oder Schwanz besitzen. Andere Spermien scheinen völlig unfähig zu sein, zu schwimmen, obwohl sie ganz normal aussehen. Je weiter die Zahl gesunder Spermien fällt, desto geringer sind die Chancen einer erfolgreichen Befruchtung. Solange der Körper immer noch riesige Mengen produziert, kommt es auf ein paar Spermien mehr oder weniger nicht an. Ab einem bestimmten Punkt jedoch gilt die Zeugungsfähigkeit eines Mannes als eingeschränkt.

Besonders beunruhigend ist, daß die Zahl der von den Männern produzierten Spermien jedes Jahr um 2 Prozent abnimmt. Es gibt düstere Prognosen, die davon ausgehen, daß die Männer im nächsten Jahrtausend gar keine gesunden Spermien mehr hervorbringen werden, mit entsprechenden Konsequenzen für die menschliche Rasse. Die Ursachen sind, dem Artikel zufolge, Östrogen, Kunststoffe und andere Substanzen im Trinkwasser, die den männlichen Fötus schädigen und vielleicht auch die dramatische Zunahme der Hodenhochstands- und Hodenkrebsfälle erklären, deren Zahl sich in den letzten 20 Jahren verdoppelt hat (s. S. 176). Die wachsende Zahl von Babys, die sowohl mit männlichen als auch mit weiblichen Geschlechtsteilen auf die Welt kommen, hat vermutlich die gleichen Ursachen.

Weitere mögliche Gründe für die zurückgehende Spermienproduktion sind enge Hosen und zu langes Autofahren. In beiden Fällen kommt es zu einer Erwärmung der Hoden, deren Temperatur jedoch für eine optimale Samenzellenbildung etwas unterhalb der Körpertemperatur liegen sollte.

Die Nachricht, er habe abnorme und nicht genug gesunde Spermien, kann für den Betroffenen sehr beunruhigend sein. Eine Therapie für dieses Problem gibt es nicht, doch bedeutet der Befund nicht automatisch, daß man nun keine Kinder mehr haben kann. Gesunde Samenzellen lassen sich dem Sperma entnehmen und direkt in die Gebärmutter einpflanzen. Auch die Befruchtung im Reagenzglas, bei der im Labor Samenzelle und Ei miteinander vereinigt und dann in die Gebärmutter eingesetzt werden, ist heute längst zur Routine geworden.

Dennoch gibt die Entwicklung Anlaß zu großer Sorge. Es ist eben unser Schicksal, daß wir Männer nicht nur von jeder Krankheit stärker betroffen sind als die Frauen, sondern daß sie uns auch dort treffen, wo es am meisten weh tut. Nur entschlossenes Handeln der Regierungen wird dieses Problem lösen können.

Es wird Sie nach all dem nicht überraschen, zu erfahren, daß der Mann mit der Milchflasche nie mehr wieder kam.

Hormontherapie bei Männern

»Ich brauche ein Pflaster, Herr Doktor«, sagte einer meiner Patienten, als er das Sprechzimmer betrat. Ich nahm natürlich an, er habe sich verletzt. Dem war jedoch nicht so. Wie sich herausstellte, hatte er einen Bericht in der Zeitung gelesen, in dem die Vorzüge der Hormonsubstitutionstherapie bei Männern gepriesen wurden. Obwohl sie nicht unumstritten ist und früher oft zu optimistisch eingeschätzt wurde, ist diese Therapie bei Frauen oft sinnvoll, vor allem zur Verhütung von Osteoporose (Knochenschwund). Nun kommt eine vergleichbare Therapie vielleicht auch den Männern zugute. In den USA wurde ein Pflaster entwickelt, das das männliche Sexualhormon Testosteron langsam freisetzt.

Die Medien berichteten begeistert darüber, wie vorteilhaft sich diese Therapie auf Geschlechtstrieb, Muskelentwicklung und das allgemeine Wohlbefinden auswirke, doch stammten die meisten Informationen darüber aus der nicht immer zuverlässigen Boulevardpresse. Wenn beim Sex, in der Arbeit oder in der Familie etwas nicht so läuft, wie es sollte, ist es verlockend, nach einer einfachen Ursache zu suchen, und ein Hormonmangel ist für viele Beschwerden ein geeigneter Sündenbock. Auch wenn diese Behandlung nicht die Wundertherapie sein mag, als die sie durch die Medien geisterte, kann sie doch die Lebensqualität vieler Männer ganz erheblich verbessern.

Die Rolle des Testosterons

Testosteron wird unter direkter Kontrolle der Hypophyse (Hirnanhangdrüse) in den Hoden gebildet. Durch Absonderung des follikelstimulierenden Hormons (FSH) regt die Hypophyse die Produktion von Sperma und Luteinisierungshormon (LH) an, unter dessen Einfluß die Hoden mit der Bildung von Testosteron beginnen. Dieses ist zum Teil verantwortlich für die sekundären männlichen Geschlechtsmerkmale wie die Gesichtsbehaarung und spielt auch eine Rolle bei der Beibehaltung der Muskelkraft und des gesamten körperlichen Wohlbefindens. Wenn Sie vor der Pubertät Ihre Hoden verlieren, werden Sie Ihre Knabenstimme behalten, nie eine Glatze bekommen und sich nie rasieren müssen. Testosteron ist wichtig zum Aufbau der Knochen; bei einem Mangel kann es zu einer Schwächung der Knochen kommen, die dann leicht brechen. Der Testosteronspiegel im Blut ist ziemlich stabil und fällt im Verlauf der Jahre nur langsam ab. Zwar läßt die Wirkung des Hormons mit zunehmendem Alter aus unbekannten Gründen nach, doch fällt der Spiegel nur bei Erkrankung oder Schädigung von Hoden oder Hypophyse merklich ab. Männer, die an einer Unterfunktion der Keimdrüsen (Hypogonadismus) leiden, weisen einen verminderten Testosteronspiegel auf. Ihre Muskelmasse geht zurück, die Knochen werden dünner, und sie fühlen sich oft müde und erschöpft. Zur Aufrechterhaltung der normalen Körperfunktionen muß darum zusätzliches Testosteron von außen gegeben werden. Mit Neuentwicklungen wie dem Testosteronpflaster lassen sich solche Mangelkrankheiten gut behandeln.

Impotenz *(erektile Dysfunktion)*

Die meisten Männer, die Testosterongaben bekommen wollen, erhoffen sich davon eine Lösung ihrer Potenzprobleme. Zwar ist die erektile Dysfunktion weitverbreitet, doch sind die Ursachen nur selten körperlich bedingt, außer bei bestimmten Krankheiten wie der fortgeschrittenen Diabetes. Bei Männern mit Erektionsstörungen ist der Testosteronspiegel jedoch in der Regel normal. An den Beschwerden sind meist sexuelle Probleme, Streß, Erschöpfung oder Schwierigkeiten mit dem Partner schuld.

Das Muskelaufbauhormon

Häufig machen sich Anhänger des Bodybuildings die Rolle des Testosterons beim Muskelaufbau zunutze. Frühere Testosteronpräparate waren in hohen Dosen gefährlich und wurden darum in Großbritannien wieder vom Markt genommen. Zwar wächst die Muskelmasse nach hochdosierten Testosteroninjektionen, doch kann es gleichzeitig zu einer Schädigung von Herz und Leber kommen. Ein paar pralle Muskelpakete sind doch wohl nur ein schwacher Ersatz für ein geschwächtes Herz und eine geschädigte Leber, es sei denn, Sie wären gern eine gutaussehende Leiche.

Gefahren

Einige Krebsarten werden durch Hormone zum Wachstum angeregt. Prostatakrebs z. B. gedeiht unter Testosteron, so daß der Tumor oft aufhört, zu wachsen, wenn man die Testosteronbildung stoppt. Hochdosierte Testosterongaben können bei unerkanntem Prostatakrebs also zur Katastrophe führen, weshalb jeder Patient vor einer Hormontherapie daraufhin untersucht werden sollte. Eine Rektaluntersuchung kann Hinweise auf Prostataprobleme liefern, doch ist ein Bluttest wesentlich aussagekräftiger (siehe Seite 166–174).

Die Wechseljahre des Mannes

Im Alter zwischen 45 und 55 Jahren erleben viele Männer eine sog. Midlife-crisis. Diese Krise in der Lebensmitte wurde auch schon »männliche Menopause« oder »Andropause« genannt, obwohl sie mit dem Klimakterium der Frau nur wenig gemein hat. Anders als Frauen zeigen Männer nämlich keinen dramatischen Rückgang ihrer Sexualhormone. Einige Forscher sind jedoch der Meinung, es gebe nur deshalb keine Hinweise auf Hormonveränderungen bei Männern, weil man die falschen Hormone betrachtet habe. Messen solle man statt des Testosteronspiegels die Hormone FSH und LH sowie das Protein SHBG (Sex Hormone Binding Globulin), das sich mit

dem im Blut zirkulierenden Testosteron verbindet, wodurch das Hormon erst einmal unwirksam gemacht wird. Mit zunehmendem Alter steigt der Spiegel des SHBG-gebundenen Testosterons allmählich an, was die Wirkung des Hormons auf seine Zielorgane vermindert.

Die Erkenntnis, dem Bild des sexuell und beruflich unschlagbaren Macho-Mannes nun nicht mehr entsprechen zu können, kann das Selbstbewußtsein eines Mannes schwer beeinträchtigen, und die Angst vor dem Altwerden macht diese Selbstzweifel häufig noch schlimmer. Es ist verlockend, einfach einen Hormonmangel für die Krise verantwortlich zu machen. Oft werden der Testosterontherapie auch Wirkungen zugeschrieben, die der künstliche Ausgleich eines Hormonmangels gar nicht leisten kann, doch glauben viele Männer ohne organische Probleme nur allzu bereitwillig an solche Verheißungen.

Der Testosteronspiegel wird durch viele Dinge beeinflußt. Chronischer Alkoholmißbrauch z.B. vermindert die Fähigkeit der Hoden, das Hormon zu produzieren. Wenn Sie glauben, eine Testosterontherapie zu benötigen, sollten Sie sich erst darüber klarwerden, was genau Sie mit der Behandlung erreichen wollen, bevor Sie mit dem Arzt darüber sprechen. Viele Beschwerden, die die Testosterontherapie angeblich »heilt«, lassen sich auch ohne Hormongaben erfolgreich behandeln. Beachten Sie die folgenden Hinweise:

- Klären Sie die Probleme mit Ihrem Partner; oft hilft eine Eheberatung.
- Überprüfen Sie Ihren Lebensstil: Rauchen Sie? Trinken Sie? Bewegen Sie sich zu wenig? All dies kann dazu beitragen, daß Sie sich chronisch schlecht fühlen.
- Specken Sie ab, wenn Sie zu dick sind.
- Entspannen Sie sich, bevor Sie zusammenbrechen. Man kann durchaus aktiv sein und gleichzeitig entspannt. Kinder sind eine wunderbare Quelle von Unterhaltung und Entspannung, vor allem, wenn Sie gerne Pferd, Elefant oder Eisenbahn spielen.
- Die Kinder loszuwerden hilft auch. Sie brauchen sich nicht unbedingt an Ihren örtlichen Sklavenhändler zu wenden. Für ein paar schöne romantische Stunden mit Ihrem Partner genügt es schon, den Kindern zu sagen, sie sollten sich ein paar Stunden mit sich selbst beschäftigen. Noch besser ist es, die Kinder über Nacht zur Verwandtschaft zu bringen, damit die lieben Angehörigen sich auch einmal als Pferd, Elefant oder Eisenbahn entspannen können, während Sie Muße haben, ungestörte Liebesfreuden zu genießen.

- Hypogonadismus (Testosteronmangel durch Keimdrüsenunterfunktion) ist selten. Nur einer von 20 000 britischen Männern leidet daran, das ist weniger als ein Betroffener pro Hausarzt.
- Die Menopause ist eine rein weibliche Angelegenheit, da der Begriff den Zeitpunkt der letzten Menstruation bezeichnet. Das männliche Gegenstück ist die »Andropause«, doch bestreiten führende Endokrinologen

(Hormonspezialisten), daß es so etwas überhaupt gibt.

- Ein Hypophysentumor kann Hodenprobleme vortäuschen, da die erkrankte Hirnanhangdrüse die Hoden nicht mehr zur Testosteronbildung anregt. Vor jeder Hormontherapie sollte dies untersucht werden.
- Testosteron fördert das Wachstum eines Prostatakarzinoms. Einen zweifelsfreien Test auf Prostatakrebs gibt es noch nicht, doch läßt sich der Tumor mit einer Antigenbestimmung und einer Rektaluntersuchung schon recht zuverlässig erkennen. Selbst dann sollten Sie sich alle sechs Monate darauf untersuchen lassen, wenn Sie Testosterongaben bekommen.

Wo tut's denn weh?

Obwohl das Gehirn keine Schmerzen empfinden kann, da es keine Schmerzrezeptoren besitzt, verfügt es über ein hochentwickeltes System zum Erkennen von Schmerzen. Winzige Rezeptoren nehmen überall im Körper Druck, Temperatur und Schmerz wahr. Diese Rezeptoren sind jedoch nicht gleichmäßig verteilt. Nehmen Sie einen Stechzirkel, und probieren Sie aus, wie weit die beiden Spitzen voneinander entfernt sein müssen, damit Sie sie auf der Haut als zwei getrennte Einstiche wahrnehmen. Fingerspitzen und Lippen sind dabei wesentlich empfindlicher als etwa der Rücken. Führen Sie den Versuch lieber nicht auf den Augen durch – oder auf einem gewissen anderen Teil Ihres Körpers, der bestimmt nicht minder empfindlich ist.

Wenn Sie etwas sehr Heißes berühren, ziehen Sie die Finger sofort automatisch zurück. Der Reflexbogen überspringt das Gehirn und steuert die Muskeln direkt vom Rückenmark aus. Merkwürdigerweise läßt sich der gleiche Reflex durch Klopfen auf eine gestreckte Sehne (z. B. beim gebeugten Knie) hervorrufen, weshalb man hier vom »Testen der Reflexe« spricht. Das gleiche reflexhafte Zurückziehen der Hand tritt bei mir auf, wenn eines meiner Kinder im Spielwarenladen etwas sehr Teures berührt. Man nennt diesen Reflexbo-

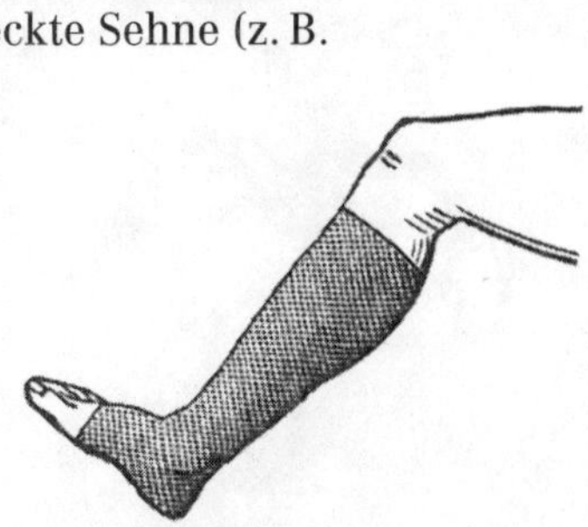

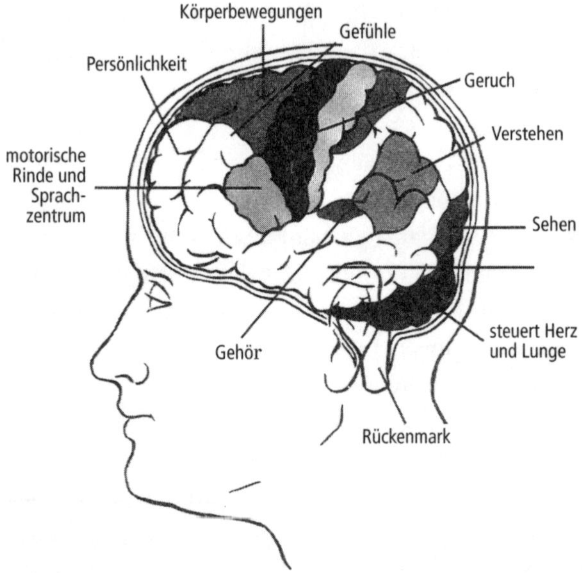

gen, der bei allen Eltern vorhanden ist, den »Stellvertreterreflex«.

Sobald ein Schmerzrezeptor stimuliert worden ist, wird das Signal über periphere Nervenfasern ans Rückenmark und von dort ans Gehirn weitergeleitet. Auf seiner Reise überquert der Nervenimpuls mehrere Schaltstellen zwischen den Nervenzellen (sog. *Synapsen*). Durch Reizung des Nervs mit einer vibrierenden Nadel oder einem leichten Stromschlag läßt sich diese Impulsweiterleitung blockieren, woraufhin der Schmerz nachläßt. Akupunktur und transkutane Nervenstimulation (TNS) wirken z. T. auf diese Weise. Auch Injektionen eines Lokalanästhetikums in die

Rückenmarksgegend unterbrechen die Weiterleitung des Schmerzsignals. Hat der Schmerzimpuls schließlich das Gehirn erreicht, wird er dort mehrfach verändert. Was im einen Fall zu Qualen führt, löst im anderen eine Ekstase aus. Manchmal wird der Schmerz zunächst aufgehalten, bis das Gehirn beschließt, sich um ihn zu kümmern. Man weiß von Rugbyspielern, die erst merkten, daß sie sich einen Arm gebrochen hatten, als man ihnen nach Spielende die Hand schütteln wollte. Ablenkung und Hypnose arbeiten nach dem gleichen Prinzip. Wenn Sie sich z. B. mit dem Hammer zwischen die Beine schlagen, wird Sie das von Ihrem eingewachsenen Zehnagel hervorragend ablenken.

Kopfschmerzen

Kopfweh ist ein Leiden, das fast jeder kennt. Ausgelöst wird es meist durch Spannungen. Wenn man sich dann auch noch sorgt, es könne etwas Ernstes sein, verschlimmert dies die Beschwerden nur. Bei Kopfschmerzen, die auf die stärksten Schmerzmittel nicht ansprechen, wirken häufig Entspannungstechniken Wunder.

Das Schlimmste beim Kopfweh ist, daß niemand es sehen kann. Sie müssen schon aus halb geschlossenen Augen in einem schmerzverzerrten Gesicht blinzeln, um Ihre Umwelt zu beeindrucken. Manche Kopfschmerzen erwecken überhaupt kein Mitleid, ganz gleich, was für Grimassen Sie ziehen. Die selbstverursachten Formen z. B. führen eher zu einem Vortrag über die Gefahren des

Alkoholmißbrauchs. Hier helfen meist Flüssigkeitszufuhr, Vitamin C und Paracetamol. Migräne ist ein weitverbreitetes Leiden, das familiär gehäuft auftritt. Manche Lebensmittel scheinen einen Migräneanfall auszulösen, wie Rotwein (vor allem Chianti), Schimmelkäse und Schokolade. Auch Streß, das Wetter und Hormonveränderungen verschlimmern das Leiden. Ein bevorstehender Anfall kündigt sich häufig dadurch an, daß Schachbrettmuster und andere Strukturen vor den Augen flimmern. Häufig schmerzt das Licht in den Augen, so daß die Betroffenen sich in einen abgedunkelten Raum zurückziehen. Der Anfall kann nach wenigen Minuten schon wieder vorüber sein oder auch tagelang anhalten. Der Wirkstoff Sumatriptan (z. B. Imigran®) kann einen Migräneanfall lindern oder sogar verhüten, wenn er gleich zu Beginn des Anfalls als Tablette oder Injektion verabreicht wird. Auch die regelmäßige Einnahme anderer Medikamente (z. B. Beta-Blocker) kann die Zahl der Migräneanfälle reduzieren.

Eine Sinusitis (Nebenhöhlenentzündung) ist unangenehm. Die Infektion der Hohlräume zwischen den Gesichtsknochen verursacht Schmerzen, die schlimmer werden, wenn man sich bückt oder erschöpft ist. Behandelt wird meist mit Antibiotika.

Auch die Meningitis (Hirnhautentzündung) ist eine sehr gemeine Infektion, da ihre Symptome einer Migräne

oder ganz gewöhnlichen Kopfschmerzen gleichen. Die Beschwerden setzen oft ganz plötzlich ein. Denken Sie also an diese furchtbare Krankheit, wenn Sie schlagartig heftige Kopfschmerzen bekommen sollten. Auch Fieber und Erbrechen sind typische Symptome. Ein blauschwarzer Hautausschlag, oft auf dem Gesäß, tritt meist in den späteren Stadien der Krankheit auf. Weitere Alarmsignale sind extreme Lichtempfindlichkeit, bei der selbst normales Tageslicht zur Qual wird, sowie wachsende Benommenheit und Müdigkeit. Auch geistige Verwirrung, verwaschene Sprache und Gleichgewichtsprobleme können auftreten. Bei Kindern kann die Krankheit zunächst ganz ohne Symptome verlaufen, bis das Kind dann plötzlich nicht mehr fähig ist, zu laufen oder zu sprechen. Lebenswichtig ist hier die Zeit. Bei rechzeitiger Diagnose und Behandlung heilt eine Meningitis aus, ohne Hirnschäden zu hinterlassen. Wenn Sie nicht genau wissen, was mit Ihrem Kind los ist, dann rufen Sie den Arzt oder bringen Sie das Kind gleich in die Notfallstation, damit man ihm dort Antibiotika geben kann.

Zwar sind Hirntumore selten, doch nimmt ihre Zahl zu, vor allem bei jungen Erwachsenen. Bei der Suche nach den Ursachen werden gegenwärtig verschiedene Umweltgifte erforscht. Der Erfolg der Behandlung hängt von der Art des Tumors ab und davon, wo genau er sich befindet. Tragischerweise bereitet ein Hirntumor oft erst dann Beschwerden, wenn es schon zu spät ist. Anhaltender Brechreiz ist häufig ein früher Hinweis auf steigenden Druck im Schädel; auch Doppeltsehen und Gleichgewichtsprobleme treten bisweilen auf. Je nach betroffenem Hirnareal können bestimmte Körperfunktionen beeinträchtigt sein. Ein Tumor am Hörnerv z. B. kann zu Taubheit auf dem entsprechenden Ohr führen. Manchmal ist eine leichte Geschmacks- oder Geruchsveränderung der einzige Hinweis auf einen Hirntumor.

Kopfschmerzen sind ein weitverbreitetes Leiden, das zum Glück nur selten ernstere Ursachen hat.

Krank vor Streß

Manche Menschen erbringen erst dann berufliche Höchstleistungen, wenn sie unter Streß stehen. So hört man z. B. von Schauspielern oft, sie brauchten einen Adrenalinstoß, um wirklich gut zu sein. Adrenalin, das »Kämpfe oder fliehe«-Hormon, macht den Körper bereit zum Handeln:

- Zur Versorgung des Körpers mit Energie steigt der Blutzuckerspiegel.
- Der Darm entleert sich.
- Die Pupillen erweitern sich.
- Puls und Blutdruck steigen an, und die Atmung wird tiefer.

Wenn diese normale Körperreaktion kein Ventil (durch Kampf oder Flucht) findet und zum Dauerzustand wird, kann Streß schädlich sein. Überraschenderweise verursacht Arbeitslosigkeit oft mehr streßbedingte Erkrankungen als eine feste Stelle, wie streßreich und belastend die Arbeit auch sein mag.

Ein chronisches Übermaß an Streß zeigt sich durch folgende Verhaltensweisen:

- Ständige Erschöpfung und unzureichender Schlaf.

- Probleme mit Konzentration und Kurzzeitgedächtnis; es fällt schwer, einer längeren Unterhaltung zuzuhören.
- Selbstbeobachtung nimmt zu. Wichtig sind nur die Angelegenheiten, die die Streßfaktoren direkt betreffen, wie Geldverdienen, Reisen etc.
- Man vernachlässigt sich und seine Familie: Das eigene Aussehen wird immer unwichtiger; Kinder und Partner werden oft nicht als Bereicherung, sondern als Hindernis erlebt.
- Häufig kommt es zu Wiederholungen derselben Handlung: Manche Betroffene ziehen die ganze Nacht durchs Haus, um die Lampen auszuschalten oder nachzusehen, ob der Wasserhahn tropft.
- Manchmal dienen Alkohol oder Drogen dazu, Schlaf oder Entspannung herzustellen.
- Die Reizbarkeit nimmt zu. Oft fehlt dann nur noch der berühmte Tropfen, der das Faß zum Überlaufen bringt. Fragen Sie mich nicht, warum das so ist. Es ist so, weil ich's halt so gesagt habe! Sie wollen sich doch wohl nicht mit mir anlegen, oder?

Guter Rat ist nicht teuer

Es ist oft nicht leicht, einen guten Rat zu befolgen, selbst wenn es offensichtlich ist, daß etwas nicht stimmt. Dies kann an finanziellem, sozialem oder persönlichem Druck liegen. Die Ursache kann jedoch auch sein, daß man die Streßfaktoren nicht erkennt und entschärft, bevor sie

Probleme verursachen. Verspätete Züge, verspätete Postboten, verspätete Angehörige, all dies kann zu Streß

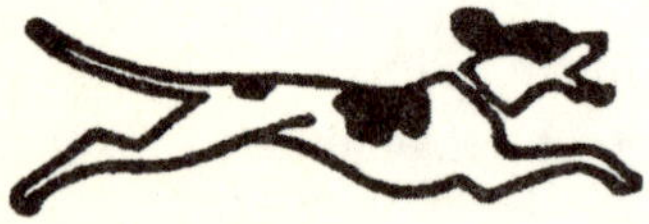

führen. Das gleiche gilt für Hundegebell, Raucher in Nicht-Raucher-Reservaten, Verkehrsstaus, lange Schlangen an der Kasse im Supermarkt – die Liste ist endlos. Verschwinden werden solche Faktoren kaum, doch wenn Sie sie als Streßauslöser erkennen und versuchen, damit zurechtzukommen, haben Sie die schädlichen Streßfolgen schon um die Hälfte reduziert.

Streßauslöser

Bevor der Streß Sie wieder überrennt, nehmen Sie das, was ihn auslöst, einfach als Stichwort zur Entspannung. Erkennen Sie, daß die Dinge, die Sie normalerweise ärgern und stressen – ein besetztes Telefon, ein Bus, der Sie an der Haltestelle einfach stehenläßt, obwohl Sie ein Handzeichen geben –, nichts anderes sind als belanglose Kleinigkeiten. Beobachten Sie, wie andere reagieren: Die einen fluchen und stampfen mit dem Fuß auf den Boden, die anderen lächeln nur amüsiert. Raten Sie einmal, wer länger lebt!

Was Sie tun und was Sie nicht tun sollten

- Sport ist ein hervorragendes Ventil für Enttäuschung und Streß, und viele Disziplinen, die eher anstrengend wirken, entspannen besonders gut. Sie können aber auch ruhige und sanfte Entspannungstechniken wie

Yoga versuchen. Beides wird Ihren Streß reduzieren und Ihren Schlaf verbessern, ohne daß Sie zu Alkohol oder Medikamenten greifen müssen.

- Alkohol und Nikotin entlasten höchstens kurzfristig von Streß. Im schlimmsten Fall verursachen die beiden Gifte ihre eigenen Probleme, die alles, was Sie bis dahin für Streß hielten, in den Schatten stellen. Fragen Sie jemanden, der einen Herzanfall hatte. Er wird Ihnen berichten, wie er sein Leben auf einmal aus einem ganz neuen Blickwinkel sah und Kleinigkeiten als das erkannte, was sie sind.
- Sie haben nur zwei Hände. Erledigen Sie die Aufgaben in der Reihenfolge ihrer Dringlichkeit, statt zu versuchen, alles auf einmal zu bewältigen. Lernen Sie, NEIN zu sagen, wenn man Ihnen noch mehr Arbeit aufhalsen will.
- An einem Gespräch sind immer beide Seiten beteiligt. Statt auf andere einzureden, sollten Sie auch einmal zuhören, was diese Ihnen zu sagen haben, selbst wenn Sie anderer Meinung sind.
- Spielen Sie mit den Kindern. Die Bewegung wird Ihnen guttun, und die Kinder werden ihren Spaß haben und vielleicht sogar so müde werden, daß Sie brav ins Bett gehen. Sie auch.
- Genießen Sie das Essen, statt es einfach nur hinunterzuschlingen. Sprechen Sie mit den Menschen an Ihrem Tisch. Dies ist der Zeitpunkt, sich über die schönen Dinge des Lebens zu unterhalten.
- Nehmen Sie ein langes Bad mit Ihrer Partnerin. Planen Sie einen Urlaub.

Keine Arbeit, kein Selbstvertrauen

Der Verlust des Arbeitsplatzes ist für viele ein folgenschweres Ereignis. Es ist bezeichnend, daß die Selbstmordrate bei jungen Engländern zwischen 1982 und 1991 um 75 Prozent zunahm. Die Angst vor Arbeitslosigkeit hatte daran bestimmt ihren Anteil. Sogar die Pensionierung kann zu Depressionen führen, besonders bei Männern. Depressionen treten vor allem in der ersten Tagen des Ruhestandes gehäuft auf. Unbehandelt, werden sie leicht chronisch und machen dann dem Mann und seiner Partnerin das Leben schwer. Die Wiederherstellung des Selbstwertgefühls ist bei solchen Problemen entscheidend.

Auch die praktischen Ärzte haben in ihrem Studium gelernt, Depressionen zu erkennen und zu behandeln. Sie sollten sich darum zuerst an Ihren Hausarzt wenden. Er kennt Sie und Ihre Familie und wird dennoch Ihren Wunsch nach Vertraulichkeit respektieren. Die Behandlung von Depressionen ist genauso Teil seiner täglichen Routine wie die Therapie von Bluthochdruck, so daß Sie also bestimmt nicht Ihre Zeit vergeuden. Es ist erstaunlich, wieviel getan werden kann, wenn man seine Last mit jemandem teilt, der weiß, wie mit solchen Problemen umzugehen ist.

Antidepressiva werden meist gut vertragen, führen nicht zu Abhängigkeit und werden oft für drei bis sechs Monate oder länger verordnet. Beruhigungsmittel wie Diazepam (z. B. Valium®) helfen bei Angstzuständen, können jedoch schon nach vier bis sechs Wochen regelmäßiger Einnahme abhängig machen. Bei der Behandlung von Streß versucht man heutzutage eher, Medikamente zu vermeiden und sich auf die Ursachen zu konzentrieren. Auch die Ernährung kann wichtig sein. Unter Streß braucht der Körper vermehrt Vitamine des B-Komplexes und Vitamin C. Dies gilt vor allem bei Alkoholgenuß, der die Vitamindepots des Körpers besonders rasch entleert. Kaufen Sie ein Haustier. Studien haben gezeigt, daß Männer mit einem Haustier länger leben als die, die keines haben. Wählen Sie das Tier jedoch sorgfältig aus – mit Fingerstumpen lassen sich Piranhas nicht sehr gut streicheln.

Ablenkungsmanöver

Mit der Empfehlung »Entspann dich!« ist es wie bei vielen anderen Ratschlägen auch: Es ist leichter gesagt als getan. Der Vorsatz »Jetzt entspanne ich mich« kann einen Teufelskreis in Gang setzen, der die Spannung sogar noch verschlimmert. Hier hilft Ablenkung.

- Schauen Sie sich um: Wie viele Leute, die an Ihnen vorbeilaufen, haben blondes Haar? Wie sieht die beliebteste Frisur aus? Wie viele Frauen tragen einen Minirock? Suchen Sie sich Ihre eigene Ablenkung aus. Wählen Sie jedoch nichts, was Ihre Angst und Spannung noch verstärkt; zählen Sie also nicht die Zahnarztpraxen, an denen Sie auf Ihrem Weg zu einer Kariesbehandlung vorbeikommen.

- Körperliche Betätigung ist

ein wunderbares Ventil für aufgestaute Spannungen. Helfen tut praktisch jede Art der Bewegung – Spazierengehen, Malen, Sport oder Aerobic.

Entspannungsübungen

Die Lektüre eines Buchs über das Klavierspiel macht Sie noch nicht zum Konzertpianisten. Es ist die Übung, die den Meister macht, und dies gilt auch dann, wenn es darum geht, sich ohne Alkohol und Medikamente zu entspannen.

Wenn Sie die Entspannung erst einmal gut beherrschen, werden Sie feststellen, daß Sie keine förmlichen, strukturierten Übungen mehr brauchen, weil Sie sich nun fast automatisch entspannen können. Es kann jedoch einige Zeit dauern, bis Sie soweit sind; auch das Klavierspielen lernt man nicht von heute auf morgen.

Suchen Sie sich einen Ort, wo Sie alleine sind; es fördert die Entspannung nicht, wenn Sie ständig durch andere Leute oder Telefongeklingel gestört werden. Legen Sie sich auf das Bett, oder setzen Sie sich in einen Sessel, dessen Lehne so hoch ist, daß Sie den Kopf anlehnen können.

Legen Sie die Arme auf die Armlehnen, und stellen Sie die Füße auf einen Hocker. Versuchen Sie, abzuschalten und alle Gedanken loszulassen, die Ihre Spannungen verstärken –

konzentrieren Sie sich auf positive Wörter wie »Entspannung« oder »Ruhe«. Sanfte Musik kann helfen, ist jedoch nicht unbedingt notwendig. Atmen Sie tief ein, und halten Sie den Atem an. Atmen Sie dann ganz langsam aus, und versuchen Sie, Ihren Körper in den Sessel oder das Bett fallen zu lassen.

Es kann sehr hilfreich sein, sich auf Spannung und Entspannung in den einzelnen Körperteilen zu konzentrieren. Ballen Sie die rechte Hand zur Faust, halten Sie die Spannung, und lassen Sie dann los. Tun Sie es noch einmal. Konzentrieren Sie sich dabei auf die Spannung in den Muskeln und die Veränderungen, die Sie spüren, wenn Sie die Faust öffnen und entspannen. Tun Sie nun das gleiche mit dem Arm. Beugen Sie ihn, und spüren Sie dabei, wie die Spannung im Ellbogen wächst. Stellen Sie sich vor, Sie zögen ein schweres Gewicht. Halten Sie die Spannung einen Moment, und entspannen Sie sich dann wieder, während Sie gleichzeitig ausatmen. Verstärken Sie die Entspannung mit positiven Gedanken wie: »Ich fühle mich viel besser« oder: »Ich bin ganz entspannt.« Indem Sie sich auf den Unterschied zwischen Spannung und Entspannung in Ihren Muskeln konzentrieren und diesen mit Ihrer geistigen Verfassung verbinden, setzen Sie einen Prozeß gegenseitiger Verstärkung von Entspannung und Bewußtheit in Gang. Halten Sie dabei ein festes Schema ein:

- Entspannen Sie die einzelnen Muskeln nach jeder Anspannung.
- Spüren Sie die Wirkung? Konzentrieren Sie sich auf den Unterschied.
- Beziehen Sie die Atmung mit ein. Spannen Sie die Mus-

keln beim Einatmen an, und entspannen Sie sie beim Ausatmen.

- Auch wenn Sie glauben, der Muskel sei völlig entspannt, versuchen Sie, ihn noch ein wenig mehr zu entspannen.
- Lassen Sie sich Zeit. Je mehr Übung Sie haben, desto rascher werden Sie sich entspannen können.
- Unterstützen Sie den Prozeß mit positiven Gedanken wie: »Ich bin ganz ruhig« oder: »Ich lasse alles los.«
- Wiederholen Sie jede einzelne Muskelanspannung mindestens zweimal. Die Tiefe der Entspannung nach jeder Wiederholung wird Sie überraschen.
- Führen Sie die Übung auch mit den anderen Körperteilen durch – Gesicht, Hals, Brustkorb, Bauch, Beine, Füße usw. Sie brauchen sich nicht sklavisch an dieses System zu halten; bald werden Sie das Schema finden, das Ihnen am meisten zusagt.

Nun haben Sie Gelegenheit, darüber nachzudenken, wie nebensächliche Kleinigkeiten zu solchen Spannungen führen können und wie man sie mit etwas Übung sieht als das, was sie sind. Vielleicht werden Sie sich dann trotzdem alle Haare einzeln ausrupfen, doch zumindest werden Sie dabei nicht mehr außer Atem kommen.

Am Boden zerstört

An einer Depression zu leiden ist nicht das gleiche, wie unter Streß zu stehen. Eine Depression wird durch ein Ungleichgewicht in den Hirnbotenstoffen verursacht. So wird z. B. der Neurotransmitter Serotonin nicht in ausreichender Menge produziert. Woher das kommt, weiß man nicht, doch hat jeder sechste Mensch seelische Beschwerden.

Bei Männern treten Depressionen vor allem in der Altersgruppe zwischen 50 und 66 Jahren auf. Viele Fälle bleiben unerkannt und unbehandelt. Man unterscheidet zwei Formen von Depression, doch sind die Übergänge häufig fließend.

Die reaktive Depression

Eine reaktive Depression ist eine Reaktion auf das, was mit einem geschieht. Wenn Sie gerade Ihren Arbeitsplatz verloren haben oder Ihr Partner mitsamt dem Lottoschein abgehauen ist, werden Sie sich bestimmt deprimiert fühlen. Das Ausmaß des Leids, das einschneidende Ereignisse und Veränderungen verursachen, läßt sich zu einer regelrechten Rangordnung

gliedern. Der Tod des Partners oder eines Kindes steht ganz oben auf der Liste. Erstaunlicherweise steht auch ein Wohnungswechsel in der Skala ziemlich weit oben. Obwohl viele Betroffene ihren Arzt um Medikamente bitten, bewirken Arzneimittel bei dieser Art von Depression kaum etwas. Das einzige, was die Stimmung wieder hebt, sind Veränderungen der jeweiligen Lebensumstände. Männer haben nicht viel Gelegenheit, ihre Gefühle so mitzuteilen, wie Frauen das tun. Sie neigen dazu, alles in sich hineinzufressen. Beratungsstellen wie die Telefonseelsorge sind sehr erfahren darin, Menschen in stürmischen Zeiten wie z. B. während einer Scheidung zu helfen.

Die endogene Depression

Eine endogene Depression ist etwas völlig anderes. Obwohl Sie gerade sechs Richtige im Lotto hatten und zum Chef Ihrer Firma befördert wurden, fühlen Sie sich zum Heulen. Diese Form der Depression kann erblich sein und von einer Generation an die nächste weitergegeben werden. Sie äußert sich durch eine ganze Palette von Beschwerden:

- Gewichtsverlust
- Schlafstörungen
- Frühes Erwachen
- Appetitlosigkeit
- Verminderter Geschlechtstrieb
- Emotionale Übererregbarkeit. Typisch ist häufiges Weinen.
- Mangelndes Selbstvertrauen

- Negatives Selbstbild
- Selbstschädigungs- und Selbstmordgedanken

Appetitlosigkeit und Gewichtsverlust

Die Nahrungsaufnahme regt im Gehirn den Ausstoß einer Gruppe von »Glückshormonen« an, den Endorphinen, die jenes Gefühl von Zufriedenheit und Wohlbefinden hervorrufen, das sich nach einer Mahlzeit häufig einstellt. Aus irgendeinem Grund vermindert eine Depression das zum Überleben unerläßliche Bedürfnis nach Nahrung. Durch Erregungszustände und Schlafstörungen werden wiederum mehr Kalorien als sonst verbraucht, und wenn diese dann nicht ersetzt werden, führt das zu raschem Gewichtsverlust. Ein Teufelskreis beginnt, bei dem die Depression immer wieder durch Erschöpfung und Schwäche genährt wird. Ein Mensch, der tief in einer Depression steckt, ist von der Notwendigkeit der Nahrungsaufnahme oft nur schwer zu überzeugen.

Schlafstörungen

Die Unfähigkeit, zu schlafen, und vor allem frühes Erwachen sind typische Symptome einer Depression und oft sogar ihre ersten Anzeichen. Viele Betroffene wenden sich dann wegen der Schlafstörungen an den Arzt und bitten um Schlaftabletten, die zwar kurzfristig helfen, auf Dauer aber dazu führen, daß zum Einschlafen immer höhere Dosen benötigt werden.

Zahllose Studien haben bestätigt, daß Schlaf für eine gesunde Funktion des Körpers unerläßlich ist. Ohne ausreichenden, regelmäßigen Schlaf kommt es rasch zu Beschwerden, die von Reizbarkeit und chronischer Überforderung bis hin zu Verfolgungswahn reichen. Die Schlaflosigkeit vergrößert so das Leid der Depression. Das Gehirn ist während bestimmter Schlafphasen sehr aktiv. Der für ein normales Funktionieren des Gehirns lebenswichtige REM-Schlaf (Abk. für engl. *Rapid Eye Movements*) zeichnet sich durch schnelle Augenbewegungen aus. In dieser Zeitspanne, in der der Schlafende heftig träumt, bewältigt das Gehirn Probleme und vermindert Spannungen. Schlaf ohne REM-Phasen ist nicht erholsam; der Betroffene fühlt sich danach, als habe er gar nicht geschlafen. Die meisten Schlafmittel reduzieren den REM-Schlaf. Das gleiche gilt für Alkohol. Sie werden es selbst schon erlebt haben, daß Sie nach einer Zechtour am Abend zwar die ganze Nacht schlafen, am Morgen aber immer noch müde sind. Ein zweiter Schlaf am späten Vormittag oder am Nachmittag ist dann weit erholsamer, da der Alkohol bis dahin abgebaut und ausgeschieden wurde. Wenn man deprimiert ist, ist Alkoholmißbrauch verlockend, da er die Kette unangenehmer Gedanken zum Stillstand bringt. Die durch den Mangel an REM-Schlaf ausgelöste Erschöpfung und Müdigkeit macht den nächsten Tag dafür um so schlimmer. Die Betroffenen verbringen häufig viel Zeit im Bett, und das nicht nur, um den Kontakt mit anderen Menschen und die Konfrontation mit ihren Problemen zu vermeiden, sondern auch, um ihr chronisches Schlafdefizit auszugleichen.

Lustlosigkeit

Eines der ersten Opfer einer Depression ist das sexuelle Verlangen, das bei einem gesunden Mann ein mächtiges und tiefsitzendes Gefühl ist. Es garantiert das Überleben der Gattung, weshalb man es zu den ganz frühen Hirnfunktionen zählt. Im Verlauf der Evolution dachten die Menschen vermutlich schon an Sex, lange bevor sie sich über das Leben, das Universum und alles andere den Kopf zerbrachen. Wie das Bedürfnis nach Nahrung geht bei einer Depression auch das Verlangen nach Sex zurück, was zum Teil an der Erschöpfung und der mangelnden Ernährung liegt. Tiere hingegen behalten ihren Geschlechtstrieb in Hungerzeiten bei. Es gibt sogar Hinweise darauf, daß er sich bei Nahrungsmangel als eine Art Überlebensinstinkt noch verstärkt. Bei Menschen jedoch, die an einer Depression leiden, geht die Libido in der Regel zurück, was zu Spannungen mit dem Partner führt, wenn dieser das mangelnde Interesse nicht als Symptom der Depression erkennt. Die Kranken machen häufig den gleichen Fehler und konsultieren den Arzt wegen sexueller Probleme, um dann herauszufinden, daß die Depression die Ursache ist. Der Hinweis erübrigt sich, daß der aus diesen Spannungen erwachsende Mangel an Glück und Harmonie in der Beziehung das Leid der Depression noch verstärkt. Die erfolgreiche Therapie der zugrunde liegenden Depression führt gewöhnlich dazu, daß diese Abteilung ihren normalen Dienst wieder aufnimmt.

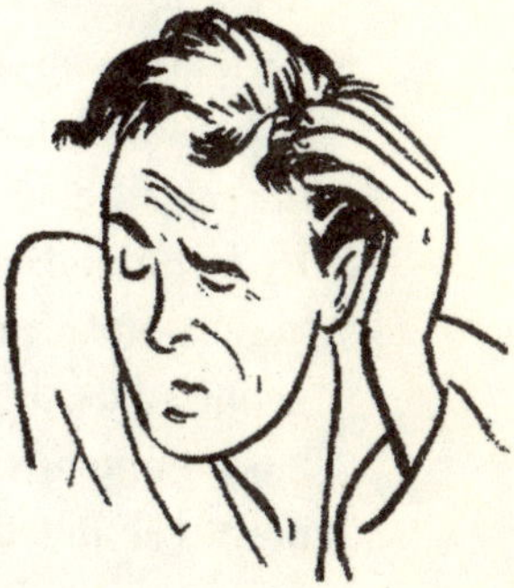

Emotionale Übererregbarkeit

Auch das Gefühlsleben wird durch die ständige Erschöpfung belastet, denn wer chronisch übermüdet ist, neigt zu heftigen Gefühlsschwankungen. Fügt man noch eine Depression hinzu, dann bekommt man einen Menschen, der bei der kleinsten Herausforderung in Tränen ausbricht. Von einem Mann erwartet die Gesellschaft, daß er solche als Schwäche geltenden Gefühle nicht zeigt. Der Eindruck von »Unmännlichkeit« wird noch dadurch unterstrichen, daß den Betroffenen die Bewältigung ihrer Probleme im Verlauf der Depression immer schwerer fällt. Statt Mitgefühl und Unterstützung zu gewähren, fordern Arbeitgeber und Angehörige den Kranken oft dazu auf, sich zusammenzureißen, was das Ganze nur noch verschlimmert. Die Betroffenen brechen schließlich beim kleinsten Anlaß wie einer Fernsehsendung oder einer unbedachten Äußerung in Tränen aus oder weinen ohne einen ersichtlichen Grund. Statt solche Reaktionen zu unterdrücken, sollte man sie lieber zulassen. Manche Betroffenen warten allerdings, bis sie alleine sind oder im Bett, bevor sie ihren aufgestauten Gefühlen freien Lauf lassen.

Mangelndes Selbstvertrauen und negatives Selbstbild

Weitere Opfer einer Depression sind Selbstbild und Selbstvertrauen. Viele Betroffene sind auf einmal unfähig, Entscheidungen zu treffen. Dies kann einfache Dinge wie etwa das Essen ebenso betreffen wie große und sogar lebenswichtige Angelegenheiten. So verhielt sich

z. B. ein an einer Depression erkrankter Arzt bei seiner Arbeit in der Klinik so, als sei er auf Urlaub in Frankreich. Erst als die Patienten sich bei seinen Kollegen darüber beschwerten, daß Sie nie Medikamente erhalten würden, merkte man, daß er akut depressiv war. In engem Zusammenhang mit dem mangelnden Selbstvertrauen steht ein verändertes Selbstbild. Viele Kranke verlieren jedes Selbstwertgefühl; sie fühlen sich nicht nur nutzlos, sondern sind auch davon überzeugt, sie sähen nutzlos aus. Oft ist die sexuelle Attraktivität das Ziel einer solchen Selbstentwertung, zusammen mit einem abnehmenden Interesse an äußerer Erscheinung und Körperpflege. Es überrascht nicht, daß das schlechte Selbstbild so zu einer sich selbst erfüllenden Prophezeiung wird. In der Schweiz war 1996 die Selbsttötung bei den Männern zwischen 15 und 44 Jahren die häufigste (!) Todesursache (bei den Frauen derselben Alterskategorie waren es die verschiedenen Krebserkrankungen). Besonders gefährdet sind Männer, die gerade ihre Partnerin oder einen nahen Angehörigen verloren haben oder arbeitslos geworden sind. Suchen Sie Hilfe bei Ihrem Arzt und Ihren Freunden; sie können Ihnen dabei helfen, zu erkennen, daß das Leben es immer noch wert ist, gelebt zu werden.

Therapie

Rat und Hilfe finden Sie bei Ihrem Arzt sowie bei Beratungsstellen und Selbsthilfegruppen. Endogene Depressionen sprechen oft gut auf Psychotherapie und Medikamente an.

- In einer Psychotherapie, einer spezialisierten Form der Beratung, lernt man, über seine Sorgen und Gefühle zu sprechen. Auch die Ursachen der Depression lassen sich dadurch herausfinden.
- Medikamente gegen Depressionen wirken oft gut, doch kann es bis zu drei Wochen dauern, bis die Wirkung eintritt. Man sollte diese Arzneien nicht abrupt absetzen. Die Behandlung wird nach Besserung der Stimmung noch einen Monat oder länger fortgesetzt.
- Die Elektrokrampftherapie wird heutzutage nicht mehr so häufig eingesetzt wie früher. Angebracht ist sie nur bei schweren Depressionen, die auf andere Therapien nicht ansprechen. Ein kleiner Stromstoß wird durch das Gehirn des betäubten Patienten geschickt, wo er einen Krampfanfall auslöst, der bei Depressionen oft lebensrettend sein kann. In der Öffentlichkeit weiß man meist zu wenig über dieses Verfahren, so daß die Medien oft ein ganz falsches Bild von der Elektrokrampftherapie zeichnen.

Sie können auch selbst zur Linderung der Symptome einer endogenen Depression beitragen:

- Sprechen Sie über Ihre Sorgen mit einem Freund oder Angehörigen, der Mitgefühl zeigt, aber auch konstruktiv ist.
- Regelmäßige körperliche Betätigung hilft, aufgestaute Gefühle loszuwerden, und fördert Ihre Fähigkeit, die Depression zu bewältigen.
- Essen Sie genug, um Ihre Energien aufrechtzuerhalten, selbst wenn Sie keinen Hunger haben.
- Nehmen Sie keinen Alkohol zur Entspannung. Er macht alles nur noch schlimmer.

- Stellen Sie einen einfachen Plan für den nächsten Tag auf, bevor Sie abends zu Bett gehen. Die Entscheidung, ein bestimmtes Telefongespräch zu führen oder bestimmte Lebensmittel zu kaufen, ist wichtig, denn sie hilft Ihnen, nach vorne zu schauen.

Schwul und gesund

Krankheiten fragen nicht nach der sexuellen Orientierung des Patienten. Für junge Männer, die schwul oder sich ihrer sexuellen Ausrichtung noch nicht sicher sind, kann das Leben hart sein, und viele fühlen sich von Gesellschaft, Schule, Familie und sogar dem Gesetz in die Isolation gedrängt. Manche sind furchtbar einsam und deprimiert – unter schwulen Teenagern ist die Selbstmordrate höher als bei ihren heterosexuellen Altersgenossen. Für die meisten Betroffenen ist das Coming-out, das Sichbekennen zu seiner Sexualität, eine schwere Entscheidung, doch sind viele dann von der Reaktion Ihrer Freunde und Angehörigen angenehm überrascht. Wenn Sie nicht sicher sind, was Sie tun sollen, dann sprechen Sie mit jemandem, dem Sie vertrauen, einem Freund, Lehrer oder Elternteil. Sie können sich an Familienberatungen wenden oder an schwule Selbsthilfegruppen, die unter Begriffen firmieren wie Schwulenverband Deutschland, Rosa Hilfe ... oder Schwulentelefon.

Praktische Ärzte

Wenn Ihr Hausarzt nicht für schwule Themen offen ist, dann fragen Sie Ihre Freunde, ob sie nicht einen Arzt empfehlen können. Es ist meist bekannt, welche Ärzte für homosexuelle Belange und Probleme zugänglich oder gar selbst schwul sind. Erkundigen Sie sich bei der lokalen Aids-Hilfe oder den o. g. Selbsthilfegruppen nach schwulenfreundlichen Ärzten in Ihrer Gegend.

Analer Sex

Analer Sex wird von schwulen wie von heterosexuellen Männern praktiziert. In einigen Kulturen ist er sogar die häufigste Form der Empfängnisverhütung. Regelmäßiger Analverkehr führt häufig zu kleinen Rissen in der relativ dünnen Darmschleimhaut. Diese Risse bluten oft, vor allem während des analen Spiels. Es ist darum lebenswichtig, Vorsichtsmaßnahmen zu ergreifen und extrastarke Kondome zu verwenden, um sich und Ihren Partner zu schützen.

Häufig wird zusätzliche Gleitcreme benötigt. Nehmen Sie dafür jedoch kein Öl oder Fett wie Vaseline, Babyöl, Butter oder Margarine, denn dieses beschädigt das Kondom. Verwenden Sie statt dessen ein Gleitmittel auf Wasserbasis. Fragen Sie im Zweifelsfall den Apotheker; er verkauft solche Artikel täglich, so daß es ihm nicht peinlich sein wird, Sie zu beraten.

Der HIV-Test

Die Entscheidung, sich auf eine HIV-Infektion testen zu lassen, ist für viele schwule Männer ein schwerer Schritt. Schließlich erkennt man einen HIV-Positiven nicht am Aussehen, der Kleidung oder der Sprechweise, so daß Sie sich bei jedem ungeschützten Sex in Gefahr bringen.

Früher ließen viele schwule Männer den HIV-Test nicht durchführen, da sie Angst hatten, von Arbeitgebern, Versicherungen oder Baugenossenschaften diskriminiert zu werden. Glücklicherweise sind die Vorurteile gegen HIV-Infizierte heute geringer.

Wenn Sie sich Ihrer HIV-Infektion bewußt sind, können Sie sich durch einen entsprechenden Lebensstil gesund erhalten. Dazu gehört, daß Sie unnötige Gesundheitsrisiken vermeiden, was es dem Arzt ermöglicht, die frühen Warnsignale drohender gesundheitlicher Probleme schneller zu erkennen und wirksamer zu behandeln. Die Entscheidung, sich testen zu lassen, ist dennoch nicht leicht. Besprechen Sie sich mit Ihrem Partner, Ihren Freunden und Ihrem Arzt. In den meisten Gesundheitsämtern können Sie sich anonym untersuchen lassen, und auch über Ihre lokale Aids-Hilfe ist ein anonymer Test möglich. Denken Sie jedoch daran, daß es nach der Infektion bis zu drei Monate dauern kann, bevor die Antikörper durch den Bluttest nachzuweisen sind. Auch in dieser Zeit können Sie Ihren Partner infizieren.

Leben mit HIV

In der Welt der Medizin ist der HIV-Virus noch ein ziemlicher Neuling, der erst zu Beginn der 80er Jahre entdeckt wurde. Obwohl man inzwischen eine Menge darüber weiß, wie der Virus einen Menschen infiziert und was er dann im Körper anrichtet, gibt es bisher weder Impfstoffe noch Möglichkeiten, die Krankheit zu heilen. Man kann sich also nur durch Vorbeugung schützen. Die Begriffe HIV-positiv und Aids werden oft austauschbar verwendet, was jedoch nicht ganz korrekt ist. Erst wenn das Immunsystem einer HIV-positiven Person zusammenbricht, kann man sagen, der Betroffene habe das ›Erworbene Immunschwäche-Syndrom‹ Aids. Ist der Körper erst einmal unfähig, Infektionen abzuwehren, dann wird der Kranke anfällig für Erreger, die normalerweise gar nicht lebensbedrohlich sind. Der Zeitraum zwischen der Infektion und dem Ausbruch der Krankheit ist von Person zu Person ganz verschieden, doch liegt das statistische Mittel bei 12 Jahren. Unterschiedlich ist auch die Überlebensdauer nach Krankheitsausbruch; als Faustregel kann man sagen, daß die Chance, drei Jahre danach noch am Leben zu sein, etwa 50 Prozent beträgt.

Dies klingt schlimm, doch bessert sich die Lage allmählich; weltweit suchen medizinische Labors fieberhaft nach Impfstoffen und Therapien. Die meisten Betroffenen sind Männer. Viele HIV-Infizierte wissen aber nichts von ihrer Krankheit. Soll man als Aidskranker nun einfach aufgeben? Überhaupt nicht. Wenn Sie darauf achten, was Sie essen und trinken, läßt sich die Überlebenszeit beträchtlich ausdehnen. Das gilt auch für die Infizierten, bei denen die Krankheit noch nicht ausgebrochen ist. So empfiehlt es sich z. B., Tabak und Alkohol im Übermaß zu meiden. Im folgenden Abschnitt finden Sie einige Hinweise zur Ernährung.

Empfehlungen zur Ernährung

Gesunde Ernährung ist für einen HIV-Infizierten nicht unbedingt das, was sie für andere Menschen bedeutet. So reduziert eine verringerte Fett- und Cholesterinaufnahme das Risiko, mit 60 einem Herzschlag zu erliegen. Bei jüngeren HIV-Infizierten ist solch ein Ratschlag natürlich Unfug. Fettreiche Milchprodukte – Vollmilch, Käse, Sahnejoghurt, Butter und Eiskrem – sind den fettarmen Erzeugnissen in vieler Hinsicht sogar vorzuziehen, denn Fett liefert nicht nur wertvolle Energie, sondern auch Vitamine, die den fettarmen Produkten fehlen. Das Idealgewicht eines Mannes mit HIV liegt etwa 5 Kilo über dem anderer Männer mit derselben Körpergröße. Leichtes Übergewicht ist besser als Untergewicht, obwohl man Fettleibigkeit vermeiden sollte.

Salate sind eine mögliche Gefahrenquelle, da sie oft Organismen enthalten, die Menschen mit HIV gefährlich werden können. Gemüse sollte darum gründlich gewaschen werden. Verzichten Sie auf Salate außerhalb Ihres Hauses oder wenn Sie nicht sicher sind, daß sie richtig zubereitet wurden. Geflügel, Eier und Meeresfrüchte müssen frisch sein, hygienisch gelagert und gut durchgekocht werden. Auch Wasser kann gefährlich werden, und zwar sowohl aus der Leitung als auch aus Flaschen. Trinken Sie nur abgekochtes Wasser, das im Kühlschrank gelagert wurde.

Bei gesunden Männern ist Fitneß durchaus vernünftig,

doch sollten HIV-Infizierte Überanstrengung vermeiden. Ein ausreichender Impfschutz ist wichtig, doch fragen Sie erst Ihren Arzt, auf welche Impfungen Sie besser verzichten sollten. Besonders wichtig ist die Grippeimpfung, weshalb Sie vor jedem Winter den Arzt deswegen aufsuchen sollten.

Sie haben noch Jahre vor sich!

Es ist leicht, dies alles nur als Einschränkung zu sehen. Denken Sie jedoch daran, daß Sie genau das gleiche Recht auf Glück haben wie Ihr Nachbar. Es gibt keinen Grund, warum Sie nicht sexuell aktiv sein sollten, solange Sie sich an die Regeln des Safer Sex halten. Sie haben ein Recht, zu lieben und geliebt zu werden, und der Mensch, den Sie vor seiner Infektion liebten, ist nach der Diagnose noch immer derselbe, nur viel wertvoller. Zählen Sie das, was Sie weiterhin tun dürfen, und das, was Sie nun lieber vermeiden sollten: Die erlaubten Dinge werden den verbotenen zahlenmäßig bestimmt überlegen sein, so daß Sie immer noch jede Menge Spaß haben können. Es geht einfach darum, so lange wie möglich so gesund wie möglich zu bleiben.

Erste Hilfe

Machen Sie einen Erste-Hilfe-Kurs

Rettungsdienste wie das Rote Kreuz oder der Malteser-Hilfsdienst bieten Anfängerkurse in Erster Hilfe an. Dort lernen Sie von Fachleuten, wie Sie das Leben von Verletzten retten können. Außerdem haben Sie dort ganz legal die seltene Gelegenheit, fremde Menschen zu küssen – und zwar richtig ausgiebig zu küssen.

Mythen über Erste Hilfe

Man kann Sie verklagen, wenn Sie sich um jemanden kümmern und dabei das Falsche tun.

Falsch

Es wird von Ihnen nur erwartet, daß Sie das tun, was jede andere Person ohne medizinische Ausbildung auch tun könnte. Am Straßenrand eine Gehirntransplantation vorzunehmen zählt nicht zu Ihren Pflichten.

Erste Hilfe ist nicht so wichtig. Es geht darum, die Opfer so schnell wie möglich ins Krankenhaus zu schaffen.

Falsch

Es ist lebenswichtig, so schnell

wie möglich professionelle Hilfe zu bekommen, doch bringt der Rettungssanitäter am liebsten lebende Menschen in die Notfallstation. Ein Verletzter kann in einer unglaublich kurzen Zeit aus einer großen Wunde sein ganzes Blut verlieren. Einige Dinge müssen also sofort getan werden.

Männer sollten sich um verletzte Frauen nicht kümmern, damit man sie nicht der sexuellen Nötigung bezichtigt.
Falsch
Tun Sie, was nötig ist, um das Leben der Frau zu retten. Ist eine zweite Frau anwesend, dann benutzen Sie sie als Anstandsdame. Gehen Sie mit einer verwirrten Frau nicht allein auf die Toilette. Erklären Sie laut, was Sie tun, selbst wenn die Verunglückte bewußtlos zu sein scheint; dies beruhigt auch die Zuschauer.

Etwas zu tun ist immer besser, als nichts zu tun.
Falsch
Leute, die von nichts eine Ahnung haben, können Ihre Gesundheit gefährden. Einem Schwerverletzten einen kleinen Schluck Whisky zu verabreichen bringt diesem zwar die Farbe ins Gesicht zurück, doch endet er dann vermutlich als gutaussehende Leiche. Zum Glück sind die meisten Menschen vernünftig genug, um solche Erste-Hilfe-Maßnahmen, die man anderswo Euthanasie nennt, zu vermeiden.

Die Menschen werden immer ohnmächtig, wenn sie Blut sehen.

Falsch

Wenn Sie wissen, was zu tun ist, und dies auch tun, werden Sie vermutlich nicht in Ohnmacht fallen. Es sind meist

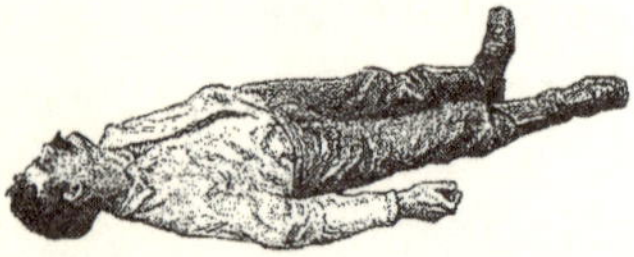

die Gaffer, die gleich massenweise umkippen, was ich Ihnen von tiefstem Herzen gönne. Blutwurst wird Ihnen allerdings nie mehr so munden wie früher.

Man steckt sich an, wenn man einen Aidskranken durch Mund-zu-Mund-Beatmung wiederbelebt.

Falsch

Obwohl theoretisch ein winziges Risiko besteht, haben Sie größere Chancen, den Jackpot im Lotto zu gewinnen, ohne überhaupt getippt zu haben. Es kann jedoch sein, daß Sie Ihre Leidenschaft für Knoblauch oder Karotten

verlieren. Dafür werden Sie nie mehr an der gleichen Bar wie der Mann, den Sie gerettet haben, einen Drink einnehmen.

Sobald der Verletzte das Krankenhaus erreicht hat, ist er außer Gefahr.

Falsch

Es hängt sehr viel davon ab, was Sie tun, bevor der Krankenwagen eintrifft. Nach einer Stunde ist das Schicksal eines Verletzten mehr oder weniger besiegelt. Wie dieses Schicksal aussehen soll, liegt zum großen Teil an Ihnen.

Was Sie auf keinen Fall tun dürfen

Geben Sie einem Verletzten nichts zu essen oder zu trinken.
Gibt man einem schiffbrüchigen Seemann, der eine Woche nichts gegessen hat, Zucker, dann stößt sein Körper soviel Insulin aus, daß er bald gar keinen Zucker mehr im Blut hat. Seine Antwort auf »Ein Stück oder zwei?« ist dann vermutlich sein letztes Wort. Eine Person wiederum, die nach einem Schlaganfall oder einer Kopfverletzung nicht richtig schlucken kann, erstickt möglicherweise an einem Stück Zucker.

Lassen Sie einen Bewußtlosen oder Betrunkenen nicht auf dem Rücken liegen.
Die Luftröhre kann durch Erbrochenes oder die eigene Zunge blockiert sein. Jimi Hendrix ist vermutlich auf diesem Weg gestorben. Untersuchen Sie den Hals des Verletzten auf einen möglichen Bruch, und legen Sie ihn dann in die stabile Seitenlagerung.

Scheuen Sie sich nicht, den Notruf anzurufen.
Wenn Sie nicht sicher sind, ob Sie noch Boden unter den Füßen haben, dann haben Sie vermutlich keinen mehr. Lassen Sie zwei Leute gleichzeitig anrufen, am besten von zwei verschiedenen Telefonen aus.

Verwenden Sie niemals eine Aderpresse.
Sicher, sie bringt Blutungen schnell zum Stillstand; doch

nimmt man sie nach ein oder zwei Stunden wieder ab, dann blockiert giftiges Material aus dem Blut die Nieren.

Bringen Sie sich selbst nicht in Gefahr.
Wenn irgend etwas schiefläuft, muß die Notfallstation gleich zwei Opfer verarzten. Sehen Sie sich erst nach giftigen Dämpfen, Hochspannungsleitungen, herabstürzendem Gestein und fliegenden Händlern um.

Erste Hilfe bei Knochenbrüchen

Die Knochen enthalten Blutgefäße und Nerven. Ohne sie wären wir alle viel kleiner und würden die Urne nach der Einäscherung nur halb füllen. Ein Bruch ist schmerzhaft, vor allem, wenn sich die Knochenenden ins Fleisch bohren. Befolgen Sie diese einfachen Regeln:

- Sagen Sie der verletzten Person, sie solle stillhalten. Unterstützen und stabilisieren Sie das gebrochene Glied mit der Hand.
- Decken Sie Wunden mit einem Verband oder einem sauberen, nicht-fusselnden Stoff wie z. B. einem Baumwollhemd ab. Drücken Sie so fest, wie es zum Stillen der Blutung nötig ist. Bandagieren Sie das gebrochene Glied.
- Wenn ein Bein gebrochen ist, dann binden Sie beide Beine zusammen, mit einem Stück Holz oder einer gerollten Zeitschrift dazwischen. Binden Sie die Beine erst an Knien und Knöcheln zusammen und dann in der Nähe des Bruchs.
- Stützen Sie einen gebrochenen Arm oder ein gebro-

chenes Schlüsselbein, indem Sie den betroffenen Arm am Körper festbinden.

- Vergewissern Sie sich, daß Hände und Füße warm sind und nach Druck auf einen Nagel die rosige Farbe zurückkehrt. Lockern Sie notfalls den Verband ein wenig. Wenn der Arm oder das Bein anschwillt, kann der Verband zu eng werden; überprüfen Sie dies alle 15 Minuten.

Wirbelsäulenbrüche

Weder stirbt man automatisch an einem gebrochenen Hals oder Rückgrat, noch ist man dadurch unweigerlich gelähmt. Gelähmt bleiben wird vermutlich der Herr, der Sie am Revers hochgehoben hat. Einmal wurde der Schal einer Frau in der Tür eines losflitzenden Wagens eingeklemmt. Als kurz darauf der Krankenwagen eintraf, erklärten die Angehörigen, merkwürdigerweise habe sie ihre Zehen bewegen können, bis man ihren Kopf wieder in die richtige Haltung gedreht habe.

Bewegen Sie den Verletzten nur, wenn ihm unmittelbar Gefahr droht. Muß er bewegt werden, dann stützen Sie immer den Kopf. Versuchen Sie, möglichst viele Leute zu finden, die ihn gleichzeitig an verschiedenen Körperstellen hochheben können. Transportieren Sie den Verletzten mit einem flachen Stück Holz, wenn vorhanden. Stützen Sie dabei immer den Kopf.

- Beruhigen Sie den Verletzten, und sagen Sie ihm, er solle sich nicht bewegen. Stützen Sie den Kopf an beiden Seiten.

- Legen Sie mit Hilfe anderer Anwesender aufgerollte Decken oder Mäntel um den Verletzten herum, damit er nicht ins Rollen kommt.
- Rufen Sie 110 (Schweiz 144) an, und erklären Sie, was geschehen ist.
- Wenn Sie warten müssen, dann machen Sie einen Kragen aus einer zusammengerollten Zeitung und bedecken Sie den Verletzten mit einem Schal oder Handtuch. Wickeln Sie ihn von vorne her um den Hals, lassen Sie den Kopf dabei von jemand anderem fest halten. Überprüfen Sie die Atmung des Verletzten. Denken Sie daran, Sie bringen einen Kragen an, keine Aderpresse.

Verrenkungen

Bei einem verrenkten oder ausgekugelten Glied kann es zu Schädigungen der Nerven, Gefäße und Bänder kommen. Der Versuch, das Glied wieder einzurenken, kann das Ganze um ein Vielfaches verschlimmern. Schulterverrenkungen sind häufig, da das Gelenk ziemlich locker ist. Lassen Sie nie einen Laien das Glied wieder einrenken, da dies zu schweren dauerhaften Schäden führen kann. Legen Sie den Arm einfach an die Vorderseite des Körpers, und bringen Sie den Verletzten ins Krankenhaus. Geben Sie ihm nichts zu essen oder zu trinken.

Verbrennungen

Bei einer 50prozentigen Verbrennung sind die Überlebenschancen gleich Null. Auch wenn die Haut zu 25 Prozent verbrannt ist, kann man daran sterben, wenn man nicht sofort behandelt wird.

- Kühlen Sie den verbrannten Bereich bis zu zehn Minuten lang mit kaltem Wasser. Lassen Sie bei schweren Verbrennungen den Krankenwagen holen.
- Entfernen Sie Uhren, Armbänder und alles andere, was das Fleisch bei Schwellung abschnüren könnte. Dazu gehören auch Schuhe und Halsketten. Entfernen Sie auf der Haut haftende Kleidung nicht.
- Bedecken Sie den verbrannten Bereich mit einem leichten Stoff, der nicht fusselt. Tragen Sie keine Creme auf, und öffnen Sie die Brandblasen nicht.
- Bei schweren Verbrennungen verliert der Blutkreislauf rapide Flüssigkeit, was zu einem Abfall des Blutdrucks führt. Legen Sie den Verletzten hin, und lagern Sie seine Beine hoch. So erhalten die lebenswichtigen Organe wie Herz, Gehirn, Nieren und Lunge weiterhin genug Blut.

Erstickungen

Es ist überraschend einfach, zu ersticken. Haben Sie sich jemals gefragt, warum Sie würgen, wenn der Arzt Ihnen einen Teelöffel auf die Zunge drückt, während Sie andererseits riesige Stücke einer toten Kuh essen können, ohne auch nur zu hicksen? Ich habe mich auch darüber gewundert. Schicken Sie mir die Antwort bitte per Postkarte! Jedenfalls geht es darum, beim Schlucken nicht einzuatmen, denn das bringt den Kehldeckel *(Epiglottis)* durcheinander, der beim Schlucken die Luftröhre abdeckt. Würden nämlich große Stücke einer toten Kuh die falsche Röhre hinabwandern, bekäme Ihr Teint einen zarten Blaustich.

- Schauen Sie sofort in den Mund des Erstickenden. Wenn Sie den Gegenstand sehen können, der das Atmen blockiert, dann ziehen Sie ihn heraus.
- Wenn Sie nichts erkennen können, dann beugen Sie den Erstickenden vornüber und klopfen ihm mit der flachen Hand fünfmal fest zwischen die Schulterblätter. Ein schreckliches Knirschen bedeutet, daß Sie zuviel Spaß an Ihrer Arbeit haben.
- Wenn gar nichts hilft, dann wenden Sie folgendes Verfahren an, das zu einem explosionsartigen Entweichen von Luft aus der Luftröhre führt:

  1 Stehen Sie hinter Ihrem blau angelaufenen Patienten. Legen Sie beide Arme um seine Taille, und verschränken Sie die Hände.
  2 Ziehen Sie die Hände ruckartig nach oben zu den Rippen hin – das Schlüsselwort ist »explosionsartig«.

Tun Sie das fünfmal, und beginnen Sie dann wieder bei Nr. 1.

Verletzungen der Augen

Die Augen sind erstaunlich widerstandsfähig. Schläge mit einem stumpfen Gegenstand wie einem Ball können die umliegenden Knochen schwer schädigen, verletzen das Auge aber gewöhnlich nicht. Stichverletzungen sind natürlich etwas anderes. Stahlsplitter von einem mit dem Hammer geschlagenen Meißel fliegen mit Schallgeschwindigkeit. Dies ist bedeutend schneller als der Schließreflex des Auges.

- Legen Sie den Verletzten auf den Rücken, und untersuchen Sie das Auge. Spülen Sie das Auge nur, wenn kein darin steckender Fremdkörper zu sehen und keine offene Wunde vorhanden ist.
- Legen Sie ein leichtes Polster auf das Auge, und bandagieren Sie es.
- Bringen Sie den Verletzten ins Krankenhaus. Erzählen Sie ihm bitte keine Kriegsanekdoten.

Herzanfälle

Herz- und Kreislauferkrankungen sind die häufigste einzelne Todesursache bei Männern. Es ist also wahrscheinlich, daß Sie irgendwann damit zu tun haben werden.

Moderne Medikamente können die meisten Betroffenen retten, wenn man sie lange genug am Leben halten kann. Entscheidend ist, daß Sie erkennen, was passiert. Schmerzen im Bereich des Brustbeins können bis in den Hals oder die Arme ausstrahlen, in diesem Fall meist in den linken Arm. Angst führt zum Ausstoß von Adrenalin, das den Puls erhöht und die Schmerzen verschlimmert. Versuchen Sie also, den Kranken zu beruhigen. Rufen Sie sowohl einen Krankenwagen als auch einen Arzt aus der Nachbarschaft. Nimmt der Kranke normalerweise eine Tablette oder ein Mundspray gegen Herzschmerzen, dann lassen Sie ihn das tun. Setzen Sie ihn hin, doch zwingen Sie ihn nicht dazu, sich hinzulegen, wenn er nicht will. Geben Sie ihm eine Aspirintablette, am besten eine zum Kauen – so verhindern Sie, daß sich in seinen Herzschlagadern, wo der Infarkt stattfand, weitere Blutgerinnsel bilden. Geben Sie ihm nichts anderes zu essen oder zu trinken.

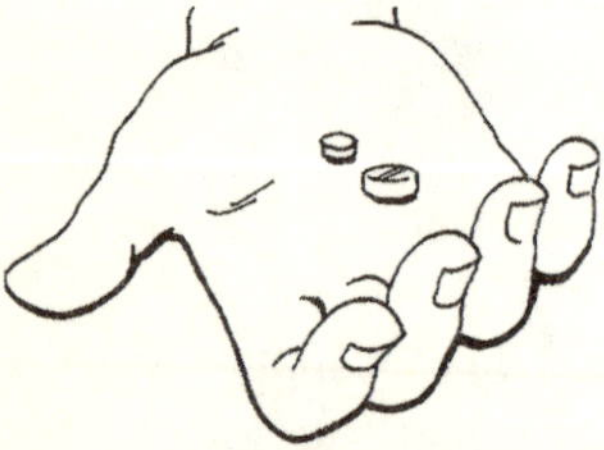

Herzstillstand

Eine Herz-Lungen-Wiederbelebung anhand einer geschriebenen Gebrauchsanweisung durchzuführen ist so, als solle man nach einem Blick in die Partitur von ›Ein Amerikaner in Paris‹ Klavier spielen. Man muß es erst gründlich üben, bevor man es wirklich tun kann.

Rufen Sie 110 (in der Schweiz 144) an. Halten Sie sich an das ABC-Schema – Atemwege frei machen, Beatmen, ›Circulation‹ (Kreislauf, Herzmassage). Schreien Sie, um zu sehen, ob der Kranke reagiert. Machen Sie seine Atemwege frei, indem Sie den Kopf in den Nacken ziehen. Entfernen Sie etwaige Fremdkörper aus dem Mund. Überprüfen Sie, ob der Patient atmet, und fühlen Sie den Puls an der Halsschlagader. Wenn Sie weder Atmung noch Herzschlag spüren, dann beginnen Sie mit der Herz-Lungen-Wiederbelebung.

Legen Sie den Kranken auf den Rücken, und kippen Sie seinen Kopf nach hinten. Verschließen Sie seine Nasenlöcher mit der einen Hand, während Sie mit der anderen seinen Mund offenhalten und fünfmal kräftig hineinblasen. Achten Sie darauf, daß sich der Brustkorb hebt. Tut er das nicht, dann vergewissern Sie sich, daß die Atemwege frei sind und die Zunge nicht in den Hals gerutscht ist. Geben Sie ihm einen kräftigen Schlag auf das Brustbein. Legen Sie den rechten Handballen auf das untere Drittel des Brustbeins, etwa zwei Fingerbreit über dessen unterem Ende, und legen Sie die linke Hand quer darüber. Drücken Sie mit gestreckten Armen zweimal kräftig gegen den Brustkorb, und atmen Sie dann zweimal in den Mund des Patienten, so wie oben beschrieben. Überprüfen Sie den Puls. Drücken Sie das Brustbein nun immer 15mal gegen die Wirbelsäule, und beatmen Sie den Kranken dann zweimal. Massieren Sie in dieser Weise das Herz mit 60–90 Kompressionen pro Minute, bis Hilfe kommt. Suchen Sie einen Helfer, der eine der beiden Tätigkeiten übernehmen kann. Wechseln Sie sich mit der anstrengenden und unangenehmen Mund-zu-Mund-Beatmung ab, wenn Arzt und Krankenwagen nicht gleich eintreffen. Wird Ihnen schwindlig oder übel, dann übergeben Sie die Beatmung jemand anderem. Wesentlich ist es, schnell zu handeln und den Blutkreislauf so lange aufrechtzuerhalten, bis Hilfe kommt. Machen Sie sich keine Vorwürfe, wenn der Patient nicht überlebt. Sie haben zumindest alles versucht, was mehr ist, als viele andere getan hätten.

Starke Blutungen

In Ihrem Körper haben Sie etwa 5–6 Liter der roten Flüssigkeit. Es ist nie gut, Blut zu verlieren, vor allem nicht aus einer Arterie. Legen Sie den Patienten hin. Da Blut aus einer Vene meist langsamer strömt, können Sie eine solche Blutung dadurch stillen, daß Sie den betreffenden Körperteil höher lagern als das Herz und ein Tuch gegen die Wunde drücken. Sie glauben mir nicht? Dann betrachten Sie die Venen in Ihrer Hand: Wenn Sie die Hände über den Kopf heben, sind sie nicht mehr zu sehen. Arterielle Blutungen sind etwas anderes. Man kann sie eigentlich kaum übersehen. Das Blut ist hellrot und spritzt im Rhythmus des Herzschlags heraus. Drücken Sie mit einem Hemd oder einem Tuch kräftig auf die Wunde. Wenn Sie den Verletzten allein lassen müssen, dann binden Sie die Wunde zum Herzen hin mit einem Hemd oder Handtuch fest ab. Lagern Sie Arme und Beine hoch, um den Blutkreislauf aufrechtzuerhalten. Es wird noch immer etwas Blut heraussickern, doch Sie werden das Leben des Verletzten retten.

Wie Sie das Beste aus Ihrem Arzt herausholen (selbst wenn es ein Mann ist)

Ein Mann zu sein ist schon gefährlich genug. Als Mann jedoch einen männlichen Arzt zu haben kann die Gesundheit ernsthaft gefährden. Wenn Sie das nächste Mal Ihren Arzt aufsuchen, dann denken Sie daran, daß alle Statistiken, die auf Männer zutreffen, auch für jene Herren gültig sind, die ein Dr. med. vor dem Namen tragen.

Männliche Ärzte

Selbst wenn ein Mann den Mut und die Zeit aufbringt, zum Arzt zu gehen, ist er damit noch nicht außer Gefahr. Die Medizin wird von Männern dominiert. Noch immer studieren mehr Männer als Frauen Medizin. Dies hat Folgen für unser Überleben. Ärzte sind darauf trainiert, selbständig zu handeln, nie einen Fehler einzugestehen und sich über Widrigkeiten nicht zu beschweren. Die typisch männliche Einstellung gegenüber der Gesundheit findet sich bei Ärzten genauso wie bei anderen Männern. Wenn Sie Ihren Arzt wegen Ohrenschmerzen aufsuchen, wird er kaum zu Ihnen sagen: »Bei der Gelegenheit möchte ich auch gleich mal Ihre Hoden untersuchen.« Dabei ver-

laufen noch immer viele Hodenkrebsfälle tödlich. Bei frühzeitiger Diagnose müßte kaum jemand an dieser Krankheit sterben, denn die modernen Behandlungsmöglichkeiten von Hodenkrebs sind sehr wirksam. Frauen hingegen erwarten im allgemeinen, über Brust- und Gebärmutterhalskrebs beraten zu werden. Sie finden es nicht merkwürdig, wenn ihre Brüste untersucht werden, obwohl sie wegen etwas ganz anderem gekommen sind.

Ärzte, heilt euch selbst

Männliche Allgemeinmediziner stehen heute in dem zweifelhaften Ruf, häufiger an alkohol- und streßbedingten Krankheiten zu leiden als die Vertreter anderer Fachrichtungen. Ein zynischer Witz, der in Ärztekreisen kursiert, definiert einen Alkoholiker als jemanden, der mehr trinkt als sein Hausarzt. Auch die Selbstmordrate ist bei den praktischen Ärzten so sehr im Steigen begriffen, daß sich der britische Medizinerverband veranlaßt sah, einen vertraulichen Streßnotruf einzurichten, der die Nachfrage jedoch kaum bewältigen kann. Als Ursachen gelten wachsende Arbeitsüberlastung und die durch die Kostendämpfungsmaßnahmen im Gesundheitswesen gesunkene Arbeitsmoral.

Wenn Sie das Beste aus Ihrem Arzt machen wollen, müssen Sie all dies berücksichtigen. Lassen Sie ihn nicht im dunkeln, und überlassen Sie die Dinge nicht dem Zufall. Denken Sie daran, daß der Zeitpunkt der Diagnose über Leben und Tod entscheiden kann.

Keine Gedankenleser

Wäre es nicht wunderbar, wenn Sie Ihrem Arzt gar nicht mehr erklären müßten, warum Sie sich gerade über seinen Computer erbrochen haben? Warum besitzt er keine allwissende Diagnosemaschine? Ein Patient bat mich einmal um eine zweite Meinung über einen mutmaßlichen Flohstich. Ich fuhr mit einem Mehrfarbenkugelschreiber über die winzige Wunde, machte passende Pieptöne dazu und »bestätigte« den Befund. Der Blick des Patienten erinnerte mich daran, daß der Leistungsumfang meiner Krankenversicherung dringend überprüft werden mußte. Obwohl jeder Patient zu Recht erwartet, von seinem Arzt untersucht zu werden, werden die meisten Diagnosen schon gestellt, bevor der Arzt den Patienten überhaupt berührt hat. Wenn Sie Ihren Arzt mit der Einstellung aufsuchen: »Es ist Ihre Aufgabe, herauszufinden, was mir fehlt«, dann wundern Sie sich nicht, wenn Sie danach vor lauter Blutproben kein Blut mehr im Arm haben. Tierärzte und Notfallmediziner haben ein Dilemma gemein: Sie müssen herausfinden, was nicht stimmt, ohne Ihre Patienten befragen zu können. Wenn der Hund nicht gerade sehr intelligent ist, kann sich der Tierarzt nicht darauf verlassen, daß ein zweifaches Bellen »Ja« bedeutet und ein einfaches »Nein«. Ganz ähnlich geht es dem Notfallarzt, wenn sein Patient bewußtlos ist.

Seien Sie präzise – aber nicht zu sehr

Das Wichtige vom Unwichtigen zu trennen kann schwierig sein. Viele Patienten wollen Ihrem Arzt jedes winzige Detail berichten, damit ihm auch gar nichts entgeht. Informationen im Übermaß erschweren jedoch die richtige Entscheidung und Diagnose. Warum stecken Ärzte ihren Patienten ein Thermometer in den Mund? Um Fieber zu messen? Vielleicht, aber dann nur als Nebeneffekt. Der wahre Grund ist der, daß nur wenige Menschen, ganz gleich, wie wortreich sie sonst sind, sprechen können, wenn sie den Mund voller Glas und Quecksilber haben. Fieberthermometer sind das medizinische Gegenstück zu einem Isolierband. Wenn der Arzt absolute Ruhe will, dann schnappt er sich Ihr Handgelenk und mißt eine volle Minute lang Ihren Puls. Es würde reichen, wenn er es 15 Sekunden lang täte und das Ergebnis mit 4 multiplizierte, doch kann er die Gesprächspause dazu nutzen, Ihr Gesicht, Ihre Hände und Ihren Brustkorb zu betrachten.

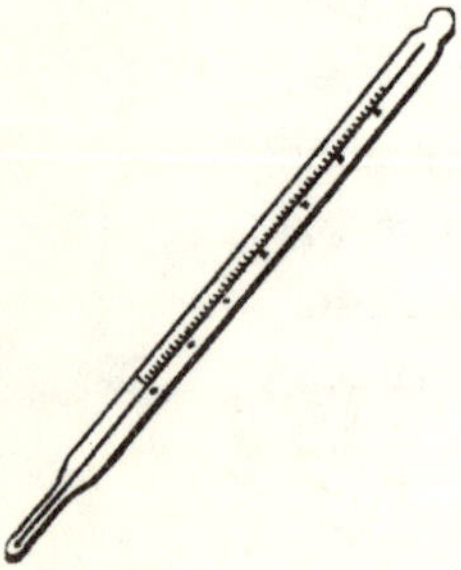

Doktor Mikrochip

Computer können eine Diagnose erstellen, doch sie können nicht erkennen, ob jemand lügt oder einfach nur durcheinander ist. Der Arzt vergleicht das, was der Patient sagt, mit den Ergebnissen seiner Untersuchungen. Stellen Sie sich vor, Sie konsultieren Ihren Arzt wegen Erbrechen und Bauchschmerzen. Nachdem er Ihnen einige

Minuten zugehört hat, betrachtet er Ihre Zunge und drückt Ihnen den Bauch ab. »Gastroenteritis«, sagt er und verschreibt Ihnen Tropfen, die wie Pfefferminzkreide schmecken, da es sich um Kalziumcarbonat mit Pfefferminzgeschmack handelt. Der Arzt kam auf seine Diagnose, weil die von Ihnen beschriebenen Beschwerden dazu passen und seine Untersuchung keinen weiteren Befund erbrachte. Er hat aber Ihren Bericht durchaus überprüft. Zum Beispiel entsteht die rosarote Farbe der Zunge dadurch, daß die Nahrung beim Kauen die weiße Hautoberfläche abschabt und das rosige Fleisch darunter zum Vorschein bringt. Hätten Sie in den vergangenen Tagen vor Übelkeit und Brechreiz wirklich nichts gegessen, wäre Ihre Zunge weißlich belegt. Eine hellblau belegte Zunge bedeutet, daß Sie im Wartezimmer Kreuzworträtsel gelöst haben.

Ein anderes Beispiel: Bauchschmerzen können auch durch eine Blinddarmentzündung (Appendizitis) verursacht sein. Bei dieser Krankheit ist nicht der eigentliche Blinddarm *(Caecum)* entzündet, sondern sein etwa fingerlanger Wurmfortsatz *(Appendix)*. Bei einer akuten Appendizitis fühlt man sich, als sei ein Lötkolben im Bauch unterwegs. Eine dünne innere Schicht der Bauchdecke, das Bauchfell (Peritoneum), haßt es nämlich, von einem Lötkolben berührt zu werden. Wenn die Bauchdecke nach unten gedrückt wird, stößt das Bauchfell an den heißen Appendix. Läßt der Druck wieder nach, beginnt der Wurmfortsatz zu wackeln, und schon springen Sie an die Decke. Das Phänomen wird »Loslaßschmerz« genannt und tritt

bei Blinddarmentzündungen mit wenigen Ausnahmen praktisch immer auf. Indem er Ihren Bauch abdrückte, wollte der Arzt also überprüfen, ob Ihr Bericht zu seinen Beobachtungen paßt und ob eine ernsthaftere Erkrankung wie ein Magengeschwür oder eine Blinddarmentzündung vorliegt.

Wer es wagt, stirbt meist

Frauen besuchen Ärzte häufiger als Männer (und zwar Frauen aller Altersstufen). Wir Männer sollten unseren Arzt jedoch nicht nur häufiger aufsuchen, wir sollten von dem Arztbesuch auch besser profitieren, denn sonst wird sich herausstellen, daß das Licht am Ende des Tunnels der Männergesundheit nichts anderes ist als ein rasch herannahender Zug – ein Zug, der wahrscheinlich voller Frauen ist.

Fünfzehn Wege, wie Sie das Beste aus Ihrem Arzt herausholen:

1 Notieren Sie Ihre Symptome, bevor Sie zum Arzt gehen

Es ist unglaublich, wie leicht man während einer Untersuchung das Entscheidende vergißt. Der Arzt richtet sich nach den wichtigsten Anhaltspunkten. Wann hat es angefangen? Wie fühlt es sich an? Sind auch andere daran erkrankt? Ist dies schon einmal aufgetreten? Was haben Sie schon dagegen getan? Nehmen Sie irgendwelche Arzneimittel ein?

2 Respektieren Sie, daß er der Fachmann ist

Niemand hat es gern, wenn sich ein Klugscheißer in seine Arbeit einmischt. Es wird also dem Verhältnis zwischen Ihnen und Ihrem Arzt nicht förderlich sein, wenn Sie mit dem kompletten Fernkurs Gesundheit und Krankheit unter dem Arm in seinem Sprechzimmer auftauchen. Andererseits neigen auch viele Ärzte dazu, Ihre informierten und aufgeklärten Patienten zu bevormunden.

3 Stellen Sie Fragen

Wenn ein Automechaniker seinen Kopf in die Motorhaube Ihres Porsches steckt, werden Sie bestimmt wissen wollen, was er da sucht. Der Arzt hier ist dabei, die Motorhaube Ihres Körpers zu öffnen, und die ist fast so wichtig wie die Ihres Wagens.

4 Lassen Sie sich nicht unnötig untersuchen

Viele Ärzte versuchen, sich in ihrer Diagnose dadurch abzusichern, daß sie alles mögliche untersuchen, selbst wenn es gar nicht erforderlich ist. So ist es z. B. ziemlich sinnlos, einen schmerzenden Lendenwirbelbereich zu röntgen. Auch isolierte Cholesterintests können irreführend sein. Fragen Sie, ob der Test für Diagnose und Behandlung Ihrer Beschwerden wirklich notwendig ist.

5 **Verlangen Sie nicht ohne triftigen Grund einen nächtlichen Hausbesuch**

Die Bitten um einen Hausbesuch haben sich seit 1990 vervierfacht. Sie werden Ihren Arzt, der die Gesundheit vermutlich für wichtiger hält als einen Terminkalender, gegen sich aufbringen, wenn Sie ihn erst rufen, nachdem Sie den ganzen Tag im Büro »gelitten« haben. Wenn Ihnen Geld wichtiger ist als das Familienleben Ihres Arztes, dann brauchen Sie sich nicht zu wundern, wenn Sie gebeten werden, am nächsten Morgen in die Sprechstunde zu kommen.

6 **Reden Sie nicht um den heißen Brei**

Wenn Sie einen Knoten am Hoden haben, dann sagen Sie es auch. Jedes Jahr gibt es in Großbritannien 1600 Hodenkrebsfälle. Bei einer durchschnittlichen Konsultationsdauer von zwei Minuten besteht die Gefahr, daß Sie die Praxis mit einem Rezept für Nasentropfen verlassen, wenn Sie dem Arzt nicht klar sagen, was los ist.

7 **Warten Sie nicht auf amtliche Reihenuntersuchungen**

Die Zeit ist reif, Ihren Hausarzt davon zu überzeugen, sich auch einmal mit der Gesundheit der Männer zu befassen, nämlich der Ihren. Nichts hindert Sie daran, sich auf bestimmte Risikofaktoren untersuchen zu lassen. Wenn in Ihrer Familie Herzkrankheiten gehäuft auftreten und Rühreier mit Speck und Pommes frites Ihr Lieblingsgericht sind, dann gibt es schon zwei Gründe dafür, Ihren Cholesterinspiegel zu untersuchen.

8 Hören Sie auf das, was der Arzt Ihnen sagt

Wenn Sie ihn nicht verstanden haben, dann sagen Sie es. Es hilft auch, sich die wichtigsten Punkte notieren zu lassen. Die meisten Patienten merken sich nicht einmal die Hälfte dessen, was der Arzt Ihnen sagt.

9 Lassen Sie sich Ihr Rezept erklären

Achten Sie darauf, ob die Zuzahlung auf das Rezept nicht teurer ist als das Medikament selbst. Fragen Sie den Apotheker bei frei verkäuflichen Arzneimitteln nach dem preiswertesten Hersteller. Gehen Sie sicher, daß Sie genau wissen, wie das Medikament einzunehmen ist. Einige Arzneien vertragen sich nicht mit Alkohol. Schon ein halbes Bier kann bei gleichzeitiger Einnahme des weitverbreiteten Antibiotikums Metronidazol (z. B. Clont®) dazu führen, daß Sie sich sterbenselend fühlen. Das gleiche gilt für die Kombination von Alkohol und Antidepressiva.

10 **Wenn Sie eine zweite Meinung einholen möchten, dann sagen Sie es**

Bitten Sie um eine Überweisung an einen anderen Arzt, doch denken Sie daran, daß Ihr Arzt ein Mensch ist und kein Computer. Danken Sie ihm erst für seine Aufmerksamkeit, und erklären Sie ihm dann, warum Sie so beunruhigt sind.

11 **Ein Wort des Lobs öffnet alle Türen**

Positive Bestätigung erfährt man heutzutage nur noch selten. An die Anerkennung seiner Bemühungen wird sich der Arzt bestimmt erinnern, selbst wenn er nicht erfolgreich war.

12 **Seien Sie freundlich zum Personal**

Eine Arztpraxis besteht nicht nur aus dem Arzt; immer häufiger sind auch die Sprechstundenhilfen an den ärztlichen Maßnahmen beteiligt. Behandeln Sie also alle Mitglieder dieses Teams mit dem gleichen Respekt. Nicht jede Arzthelferin ist ein Drachen. Und nicht jeder Arzt ist Gott.

13 **Zögern Sie nicht, sich im Notfall zu beschweren**

Gehen Sie erst zu Ihrem Arzt und erklären ihm, was Ihnen nicht paßt, bevor Sie einen Anwalt hinzuziehen. Dem Arzt werfen die Patienten meist Unhöflichkeit und mangelnde Kommunikation vor – typische Folgen von Arbeitsüberlastung.

14 Vertrauen Sie Ihrem Arzt

Vertrauen ist nicht dasselbe wie blinder Glaube. Ihre Gesundheit ist ein Gemeinschaftsunternehmen von Ihnen und Ihrem Arzt, bei dem Sie die Mehrheit der Anteile besitzen. Trotz aller staatlichen Kostendämpfungsmaßnahmen arbeiten die meisten Menschen, die im Gesundheitswesen tätig sind, noch immer aus Berufung.

15 Wechseln Sie den Arzt nicht ohne Grund

Tausende von Menschen wechseln jedes Jahr ihren Hausarzt, die meisten von ihnen einfach, weil sie umgezogen sind. Sie brauchen es Ihrem Hausarzt nicht zu sagen, wenn Sie ihn nicht weiter konsultieren wollen. Der neue Arzt kann Ihre Krankengeschichte von ihm anfordern. Nicht alle Einsichten, die Ihr Arzt in Ihre Gesundheit und die Ihrer Familie gewonnen hat, lassen sich jedoch mit der Post verschicken. Ein neuer Arzt muß in vielen Dingen wieder ganz von vorne anfangen. Überlegen Sie sich einen Arztwechsel darum gut.

Scheuen Sie sich nicht, Einblick in Ihre Akten zu verlangen. Die meisten Ärzte zeigen den Patienten heute ihre Befunde. Allerdings ist die Fachsprache nicht immer leicht zu verstehen – schließlich studieren Apotheker vier Jahre, bis sie ihr folgen können.

Fachkundige Hilfe, Rat & Tat

finden Sie bei Ihrem Arzt, Apotheker oder staatlich geprüften Naturheilkundler. Das Sozial- und Gesundheitsamt Ihrer Gemeinde weiß sehr oft Rat und kann Ihnen die Adressen von Selbsthilfegruppen und anderen Organisationen nennen.

Adressen auf dem neuesten Stand finden Sie im Internet (mit aktuellen Verweisen und Links auf andere Webseiten):

Deutschland:
www.meine-gesundheit.de

Österreich:
www.gesundheit.at und
www.piz.at
(aktualisierte Liste der österreichischen Selbsthilfegruppen)

Schweiz:
www.gesundheit.ch

Spezifisch Mann:
Kursangebote und weiterführende Adressen finden Sie auf folgenden Internetseiten:

www.maenner.de
(Deutschland: bei Drucklegung dieses Buches noch im Aufbau)

www.maenner.at
(Österreich)

www.maenner.ch
(Schweiz: bei Drucklegung dieses Buches noch im Aufbau)

In *Notfällen* benützen Sie die Notfallrufnummern (Notfallarzt, Polizeinotruf etc.) Ihrer Gemeinde oder Region (Adressen und Rufnummern finden Sie im Telefonbuch).

Hinweis des Verlags

Wenn Ihnen »Alles, was Männer über ihre Gesundheit wissen sollten« gefallen hat, wird Sie auch das neue Buch von Ian Banks interessieren:

Alles, was Mann über Sex wissen muß
ISBN 3-85833-539-8

Erschienen im Oesch Verlag,
Jungholzstraße 28, CH-8050 Zürich.
Das Buch liest sich genau so spannend und amüsant wie »Männer«. Ihre Buchhandlung liefert den Band gern.